IMAGES
of Wales

BWRDEISTREF SIROL
CONWY
COUNTY BOROUGH

Adlais o grandrwydd yr oes o'r blaen mewn gwesty yn Llandudno, tua 1930.
Echoes of a bygone age of elegance in a Llandudno hotel, c. 1930.

IMAGES
of Wales

BWRDEISTREF SIROL CONWY COUNTY BOROUGH

Detholwyd gan / *Compiled by*
Susan Ellis and Haydn Mather
Gwasanaeth Llyfrgell, Gwybodaeth ac Archifau Conwy
Conwy Library, Information and Archive Service

CYNGOR BWRDEISTREF SIROL

CONWY
COUNTY BOROUGH COUNCIL

TEMPUS

First published 1998
Copyright © Conwy County Borough Council, 1998

Tempus Publishing Limited
The Mill, Brimscombe Port,
Stroud, Gloucestershire, GL5 2QG

ISBN 0 7524 1121 7

Typesetting and origination by
Tempus Publishing Limited
Printed in Great Britain by
Midway Clark Printing, Wiltshire

Chwarel Wenithfaen y Graig Lwyd, Penmaenmawr gyda gwneuthurwyr cerrig sets a dril niwmatig i dyllu i'r graig, tua 1908.
Graiglwyd Granite Quarry, Penmaenmawr, with sett makers and a rock-boring pneumatic drill, c. 1908.

Mrs L.A.Williams yn gwylio oen yn cael ei fwydo o botel yn Nhal y Llyn, Geirionnydd yn y 1940au.
Mrs L.A. Williams watching as a lamb is bottle-fed at Tal y Llyn, Geirionnydd, in the 1940s.

Cynnwys / Contents

Cyflwyniad

Pleser mawr i mi yw cael cyflwyno'r casgliad newydd a diddorol hwn o hen ffotograffau o'r trefi, y pentrefi a'r ardaloedd gwledig a ddaeth at ei gilydd ar adeg ad-drefnu'r awdurdodau lleol yn 1996 i greu Bwrdeistref Sirol Conwy. Er ei hystyried gan rai yn gyfuniad dadleuol ac anghymharus o ardaloedd heb lawer ganddynt yn gyffredin o ran hunaniaeth, fe ddaeth yr ardal newydd hon yn iach trwy adeg anodd ei geni a bwriad y llyfr hwn yw cyfrannu tuag at greu hunaniaeth gyfansawdd ar ei chyfer. Mae'r ardal yn cynnwys tirwedd amrywiol a hwnnw'n cwmpasu traethau tywod eang a phenrhynion yn ogystal â chymoedd clyd, rhosydd a mynyddoedd geirwon. Ceir yma lawer o'r trefi glan môr gwychaf o oes Fictoria a llu o safleoedd ac adeiladau hanesyddol o bwys, ac nid yw'n rhyfedd felly fod yr economi'n dibynnu'n helaeth ar dwristiaeth. Ond nid dyna'r cwbl sydd gan Gonwy i'w gynnig. Yn ei chanol y mae prydferthwch Dyffryn Conwy a'r tiroedd amaethyddol bras sydd ar ei gyrion fel mai amaethyddiaeth a choedwigaeth yw sylfeini gweithgarwch a chyflogaeth y rhanbarth gwledig. Mae poblogaeth yr ardal hon yn wasgaredig iawn ac yn Gymraeg ei hiaith i raddau helaeth.

Ni ellir gwneud cyfiawnder llwyr â hanes broydd a chymunedau mor wahanol mewn llyfr o'r maint hwn. Y cwbl a ellir yw rhoi cipolwg ar drefi a phentrefi rhwng 1857 a'r 1970au gan ddangos pobl Conwy yn holl amrywiaeth eu bywyd bob dydd, yn gweithio, yn hamddena, yn addoli, ac yn cymryd rhan mewn chwaraeon a gweithgareddau diwylliannol. Nid yw'r casgliad yn un hollgynhwysol ac er pob ymdrech i sicrhau fod y rhan fwyaf o'r cymunedau wedi eu cynnwys, ni lwyddwyd mewn rhai achosion.

Mae'r ffotograffau wedi eu dethol o gasgliadau sydd yn yr Archifdai yn Rhuthun a Chaernarfon ac mewn llyfrgelloedd yng Nghonwy, a chafwyd cymorth unigolion a roddodd fenthyg eitemau o'u casgliadau preifat hefyd fel y gallem roi'r darlun ehangaf posibl o orffennol Conwy. Rydym ar hyn o bryd yn ceisio ehangu casgliad ffotograffau Conwy a byddai Llyfrgellydd ac Archifydd y Sir yn falch o dderbyn gair gan rywun sydd â ffotograffau y byddai'n fodlon eu cyflwyno neu eu rhoi ar fenthyg i'w copïo.

Dymunwn bob hwyl i chi ar eich taith trwy orffennol Conwy gan obeithio y bydd dysgu mwy amdano fel hyn yn cyfoethogi'ch gwerthfawrogiad o'r presennol hefyd.

Dafydd Parry Jones
Cadeirydd Cyngor Bwrdeistref Sirol Conwy

Introduction

It gives me great pleasure to provide an introduction to this new and interesting collection of old photographs of the towns, villages and rural areas which came together on the reorganization of local authorities in 1996 to create the County Borough of Conwy. Seen by some as a controversial and unlikely alliance of areas sharing little commonality of identity, the area has survived its difficult birth and this book is intended to contribute towards giving it its own composite identity. The area covered offers a diverse landscape ranging from extensive sandy beaches and headlands to sheltered valleys, open moors and rugged mountains. With many of the finest Victorian tourist resorts in the country and a wealth of renowned historic sites and buildings, it is no wonder that the economy relies heavily upon tourism. But this is not all Conwy has to offer. At its heart lies the beautiful Conwy valley and the rich agricultural land that bounds it, making agriculture and forestry the mainstay of activity and employment in this rural area. The population of this area is widely dispersed and remains predominantly Welsh speaking.

No book of this size can hope to do full justice to the history of such different regions and communities. All that can be achieved is to present a snapshot of towns and villages, from 1857 to the 1970s, showing the people of Conwy in the rich variety of their daily lives, at work, at play, at worship and involved in sporting or cultural pastimes. The collection is not exhaustive and, while every effort has been made to ensure most communities are represented, there will be areas where we have not succeeded.

The photographs have been selected from collections in the Record Offices at Ruthin and Caernarfon, in libraries in Conwy and with the assistance of individuals who have lent items from their private collections to enable us to provide the broadest possible representation of Conwy's past. We are actively seeking to extend Conwy's own photographic collection and the County Librarian and Archivist would be pleased to hear from anyone who has photographs they are willing to either donate or loan for copying.

We hope you enjoy your journey into Conwy's past and that this greater awareness will increase your appreciation of the present.

Dafydd Parry Jones
Chairman of Conwy County Borough Council

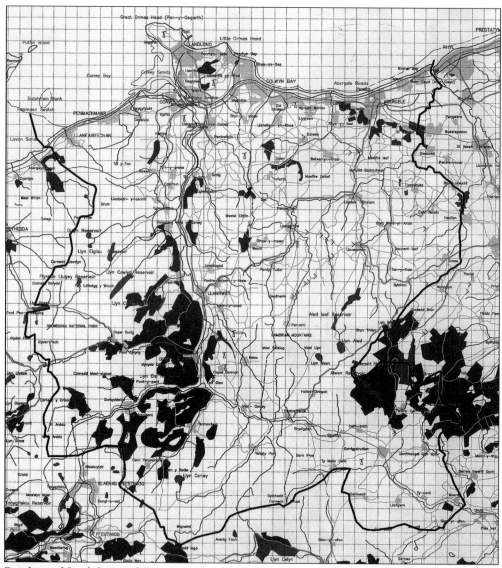

Bwrdeistref Sirol Conwy / *Conwy County Borough*
(Hawlfraint y Goron) / *(Crown Copyright)*

8

1
Abergele a Hiraethog /
Abergele and Hiraethog

Gwên siriol ar wynebau genethod bach o Abergele, yng ngwisgoedd pysgotwragedd Nefyn, a fu'n cystadlu yn Eisteddfod yr Urdd yn y Rhyl, 1939.
The happy smiles of little girls from Abergele dressed as Nefyn fisherwomen competing at the Urdd Eisteddfod in Rhyl, 1939.

Cefn, o'r chwith i'r dde / *Back row, left to right*: Jennie Jones, Elizabeth Dawson, Joan Roberts, Nell Roberts, Edna Morrison, Mary Williams, Megan Jones, Lilian Evans. Blaen / *Front row*: Gwyneth Jones, Olwen Hughes, Nancy Davies, Glenys Morris, Mair Evans, Megan Williams.

Market Street, Abergele, tua 1900. Roedd marchnadoedd amaethyddol yn rhan bwysig o fywyd y dref ac yn aml yn cymryd y cwbl o'r stryd fawr. Dymchwelwyd tafarn y Ship, ar y dde â'i chanopi pren, yn 1906 a chymerwyd rhan o'r safle gan Swyddfa'r Post.

Market Street, Abergele, c. 1900. Agricultural markets played a large part in the life of the town, often taking over the whole of the main street. The Ship Inn, on the right with the wooden canopy, was demolished in 1906 and the site partly occupied by the post office.

Golygfa debyg yn y 1960au, sy'n gwrthgyferbynnu â'r olygfa uchod oherwydd poblogrwydd cynyddol y car a'r newid trawiadol a ddaeth i'r bywyd gwledig yn ei sgil. Yr adeilad ar y dde â thalcen ffug-Duduraidd yw caffi a chlwb dirwest y Ship, a agorwyd yn 1907 ar safle hen dafarn y Bull ar gornel Chapel Street. Mae'r rhodfeydd pren dan do wedi mynd.

A similar view in the 1960s, contrasting with the scene above as the rising popularity of the motorcar changed the rural way of life dramatically. The building on the right with the mock-Tudor gable is the Ship temperance café and club, which was opened in 1907 on the site of the old Bull Inn on the corner of Chapel Street. The covered wooden walkways, seen in the photograph above, have gone.

10

Marchnad yr Harp, 1912. Codwyd adeiladau pwrpasol gan Frank Lloyd a'i Feibion, Sheffield i ddod â'r gwartheg oddi ar y strydoedd. Yma gwelir criw mawr o ffermwyr yn edmygu'r da byw.

The Harp Market, 1912. Frank Lloyd and Sons of Sheffield brought the cattle off the streets into purpose built premises. Here, a large group of farmers admire some prime beef on the hoof.

Roedd Marchnad Hesketh o'r eiddo Jones a Beardmore, a agorwyd ar ôl y Rhyfel Byd Cyntaf, yn dal i ffynnu yn 1959, fel y gallwn farnu o'r moch nobl yma.

Jones and Beardmore's Hesketh Market, which had opened after the First World War, was still thriving in 1959, as shown here by these fine pigs.

Potsiars yn Abergele yn y 1920au. Roedd y meistri tir yn hallt eu condemniad ar botsio ar ganol y bedwaredd ganrif ar bymtheg gan ei weld yn arwydd o fywyd ofer a meddw. Wrth grynhoi ar derfyn cwest ar botsiwr a saethwyd yn farw yng Nglanconwy yn 1860au, dywedodd y crwner eu bod yn 'rhy ddiog i weithio, yn rhy grintachlyd i ennill eu tamaid yn deg... Nid potsio am eu bod yn methu cael gwaith y maen nhw, ond am eu bod yn gallu gwneud mwy mewn noson nag y gallant trwy weithio am fis - a hynny er mwyn cael arian i brynu diod.' Ond ar fater y Deddfau Helwriaeth, doedd gan y bonedd neb ond hwy eu hunain o'u plaid. Mewn erthygl olygyddol ar y drasiedi yng Nglanconwy yn y *Caernarvon and Denbigh Herald* cwynir fod 'y deddfau a fynnai wneud eiddo preifat o bryfed cyhoeddus yn dinistrio sancteiddrwydd y gyfraith ac yn tueddu i gymell eu torri.' Ar ôl 1880 roedd y Ddeddf Helwriaeth ar Dir yn caniatáu i denantiaid gymryd cwningod. Bu hela yn rhan naturiol o fywyd cefn gwlad erioed ac mae wynebau siriol y criw hwn yn dyst i noson o hela llwyddiannus mewn oes fwy goleuedig.

Poachers at Abergele in the 1920s. In the mid nineteenth century, poaching was bitterly condemned by landowners as representing a life of drunken idleness. A coroner, summing up after the inquest on a poacher shot dead at Glanconwy in the 1860s, condemned them as 'too lazy to work, too mean to honestly earn their bread ... They don't poach because they cannot get work, but because they can make more in a night than they can by a month's working – they do it that they may get money to drink.' But in the matter of the Game Laws, the upper classes stood alone. Editorial comment in the Caernarfon and Denbigh Herald on the tragedy at Glanconwy complained that 'the laws that would make private property out of public vermin destroy the sanctity of legislation and tend to invite their own infraction.' After 1880 the Ground Game Act allowed tenants to take rabbits. Hunting has always been a natural part of rural life and the smiling faces of this gang testify to a successful night's activities in more enlightened times.

Genethod Byddin y Tir yn Abergele, tua 1945. Roedd eu caban wedi ei gynllunio i gartrefu carcharorion rhyfel o'r Almaen ond fe'i haddaswyd i'w ddefnyddio gan Fyddin y Tir rhwng 1942 a 1948.

Land girls in Abergele, c. 1945. Their hut had been designed to house German prisoners of war but was adapted for the land girls' use between 1942 and 1948.

Staff Ysgol Blant Bach Abergele, tua 1930.
Staff of Abergele infant school, c. 1930.
Yn sefyll / *Standing*: Miss G. Jones, Miss Lizzie Davies. Yn eistedd / *Seated*: Miss Olwen Griffiths (y brifathrawes / *headmistress*).

Côr Merched Abergele yn Eisteddfod Ryngwladol Llangollen, 16 Mehefin 1949. Yr arweinydd oedd Madame M. Taylor Hughes. Hefyd yn y llun gwelir y Tad Mitchell.

Abergele ladies' choir at the Llangollen International Eisteddfod, 16 June 1949. The conductor was Madame M. Taylor Hughes. Also pictured is Father Mitchell.

Gorymdaith flynyddol Urdd Hynafol y Fforestwyr yn mynd heibio i dafarn y Red Lion, Bridge Street, Abergele, tua 1900.

The annual parade of the Ancient Order of Foresters passing the Red Lion Inn, Bridge Street, Abergele, c. 1900.

Siop trin gwallt a gwerthu tybaco Meredith Roberts yn Market Street, Abergele, tua 1925. Mae'r busnes yn ffynnu o hyd ond y mae bellach yn Bank Buildings, a'r gwerthwr tai Jones Peckover sydd ar y safle hwn erbyn hyn.

Meredith Roberts' hairdresser's and tobacconist's shop, Market Street, Abergele, c. 1925. The business is still thriving but has now moved to Bank Buildings, with the estate agents Jones Peckover now occupying this site.

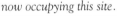

Marine Road, Pensarn, tua 1908. Roedd trefi bychain yr arfordir hefyd wedi ymateb i'r twf mewn twristiaeth a ddiwallwyd trwy ddatblygu'r trefi glan môr mawr. Roedd y rhes tai ar y dde yn un o bedwar bloc o dai mawr a godwyd gan gwmni rheilffordd London and North Western a Stad Cinmel, ar gyfer ymwelwyr haf. Ar y chwith gwelir y Railway Hotel, sef yr Yacht erbyn hyn.

Marine Road, Pensarn, c. 1908. Smaller coastal towns also responded to the boom in tourism which was catered for by the development of the big resorts. The terrace on the right was one of four blocks of large houses built by the London and North Western Railway and the Kinmel estate, for summer visitors. On the left is the Railway Hotel, now known as The Yacht.

15

The Tennis Courts, Pensarn, Abergele

Cyrtiau tennis Pen-sarn, tua 1915. Mae'r olygfa ddymunol hon yn dangos cynnydd y diddordeb mewn chwaraeon a hamdden, yn enwedig ymysg merched.

Pensarn tennis courts, c. 1915. This elegant scene shows the growth of interest in sporting and leisure activities, especially among the ladies.

Cytiau ymdrochi ar y traeth ym Mhen-sarn, tua 1900.
Bathing huts on the beach at Pensarn, c. 1900.

16

Traeth Bae Cinmel ac awyren ddwbl y Capten Vivian Hewitt a fyddai'n rhedeg teithiau i ymwelwyr, 1930. Mae'r rhai sy'n disgwyl eu tro yn gwylio'r awyren yn cael ei throi yn ei chylch â llaw, yn barod at y daith nesaf.

Kinmel Bay sands with Captain Vivian Hewitt's biplane, which operated trips for holidaymakers, 1930. Prospective passengers are watching the plane being turned round manually, ready for the next takeoff.

Y gerddi pleser ym Mae Cinmel, 1930au. Gosodwyd y cyrtiau tennis a'r gerddi gan Kinmel Bay Land Co. rhwng y ddau ryfel, ond adeiladwyd ar y cwbl ohonynt bellach.

The pleasure gardens at Kinmel Bay in the 1930s. The tennis courts and gardens were laid out by the Kinmel Bay Land Co. between the wars, and are now completely built over.

17

Ffordd y Foryd, Towyn, 1930au. Mae tai a siopau'n llenwi ochr y ffordd erbyn hyn ond mae'r eglwys yn nodwedd amlwg yn y tirlun o hyd.

Foryd Road, Towyn, in the 1930s. Housing and shops now crowd the road although the church still provides a landmark.

Sandbank Road, yn arwain i'r traeth, Towyn, 1930au. Dymchwelwyd y tŷ ar y chwith erbyn hyn.

Sandbank Road, leading to the beach, Towyn, in the 1930s. The house on the left has since been demolished.

Bythynnod Church Street yn Llan San Siôr, tua 1910. Codwyd y tai gan Stad Cinmel ar gyfer ei gweithwyr yn 1857. Prin fu'r newid allanol yn yr olygfa ddeniadol hon: ar wahân i'r gwyngalch mae'r rhes yn ymddangos yn ddigyfnewid yn y pentref hardd hwn.

Church Street Cottages at St George, c. 1910. The cottages were built by the Kinmel estate for its workers in 1857. Outwardly very little has changed in this attractive scene today: apart from a coat of whitewash, the terrace appears unspoiled in its pretty village.

Yr un tai o'r cyfeiriad arall, ychydig flynyddoedd yn gynharach yn yr un degawd. Y tu ôl i'r ffens ar y chwith yr oedd y tap dŵr a gyflenwai'r pentref.

The same cottages viewed from the opposite direction, a few years earlier in the decade. Behind the fence on the left was the water tap which supplied the village.

Roedd yr arfer o dalu'r degwm (degfed ran o'ch incwm) at gynnal yr Eglwys wedi achosi mwy a mwy o ddrwgdeimlad o'r 16 ganrif ymlaen, ond ni fu gwrthryfel trefnedig tan y 19 ganrif. Yng Nghymru, ac anghydffurfiaeth yn gyffredin erbyn hynny, roedd cefnogi'r eglwys wladol yn faich arbennig ac wedi arwain at achosion o anhrefn drwy'r gogledd. Yn y llun gwelir milwyr Nawfed Llu'r Gwaywyr wedi eu cynnull ger Llanfair Talhaearn yn ystod Rhyfel y Degwm, 1888.

The payment of a tithe (one-tenth of one's income) towards the maintenance of the church was a custom that came to be increasingly resented from the sixteenth century. It was not until the nineteenth century, however, that there was organized revolt. In Wales, where nonconformity was by now widespread, the support of the established church was a particular burden, leading to local outbreaks of disorder throughout the north. The photograph shows the Troop of the 9th Lancers mustered near Llanfair Talhaearn during the Tithe War, 1888.

Plismyn a milwyr yn Swan Square, Llanfair Talhaearn, 1888. Roedd y Prif Gwnstabl, yr Uwchgapten Leadbetter, wedi gofyn am farchoglu i atgyfnerthu'r heddlu wrth oruchwylio casglu'r degwm mewn 223 o ffermydd yn yr ardal. Roedd dyfodiad y 'cotiau cochion' wedi achosi llawer o gyffro yn y cylch ac roedd cof byw flynyddoedd lawer wedyn am eu mis o arhosiad yn yr ardal.

Police and troops in Swan Square, Llanfair Talhaearn, 1888. The chief constable, Major Leadbetter, had requested a troop of cavalry to reinforce the police in supervizing the collection of tithes at 223 farms in the area. The arrival of the 'redcoats' caused great excitement locally and many years later their month-long stay was still vividly remembered.

Swan Square, Llanfair Talhaearn ar adeg hapusach: Diwrnod y Ffair, tua 1905. Sylwer ar yr orymdaith o bladuriau anferth ar hyd y strydoedd: digon i godi arswyd ar y bobl Iechyd a Diogelwch heddiw!

Swan Square, Llanfair Talhaearn, in happier times: Fair Day, c. 1905. Note the huge scythes paraded through the streets: today's Health and Safety Executive would be having nightmares!

Roedd Garthewin yn un o'r nifer fawr o stadau mawrion yn y cylch. Yma gwelwn nifer helaeth o denantiaid wedi ymgasglu yn y cae islaw Garthewin am eu trip blynyddol, a seindorf bres yn eistedd yn y tu blaen, tua 1900.

Garthewin was one of numerous large estates in the area. Here we see many of the tenants gathered in the field below Garthewin for their annual day out, complete with brass band seated in the front, c. 1900.

Yr olwyn ddŵr yng ngwaith plwm Llanfair Talhaearn, tua 1895. Agorwyd y gwaith yn 1890 er mwyn gweithio'r gwythiennau plwm a chopor a gawsai eu cloddio ar raddfa fechan ar ddechrau'r bedwaredd ganrif ar bymtheg. Ni chafwyd fawr o lwyddiant o'r fenter.

The waterwheel at Llanfair Talhaearn lead mine, c. 1895. The mine was opened in 1890 in order to exploit the lead and copper lodes which had been worked on a small scale at the beginning of the nineteenth century. The venture was not very successful.

Peiriant tynnu stêm yn tynnu cribin o bedwar trelar uwchlaw afon Elwy yn Llanfair Talhaearn, tua 1910.

A steam traction engine pulling a rake of four trailers above the River Elwy at Llanfair Talhaearn, c. 1910.

22

Bachgen bach gyda beic danfon siop fwyd a bara Williams, Llanfair Talhaearn, tua 1920.

A little boy with the delivery bicycle of Williams' grocery and baker's shop, Llanfair Talhaearn, c. 1920.

Plant teulu Roberts, Bronheulog, ger Llanfair Talhaearn, tua 1910.

The Roberts children of Bronheulog, near Llanfair Talhaearn, c. 1910.

Pentrefwyr Llangernyw y tu allan i'w tai, tua 1910.
  Villagers of Llangernyw outside their cottages, c. 1910.

Peiriant tynnu stêm a threlar dan ei lwyth o wlân, y tu allan i'r Stag, Llangernyw, ar ddechrau'r
ugeinfed ganrif.
  *A steam traction engine and trailer loaded with wool, outside The Stag, Llangernyw, in the early
twentieth century.*

Golygfa o blas Hafodunos, Llangernyw. Roedd y tŷ hwn yn un o gartrefi'r Cyrnol Thomas Gee, mab Thomas Gee (1815–1898) y cyhoeddwr radicalaidd enwog, ac fe'i gwelir yma rhwng 1916 a 1920.

A view of Hafodunos house, Llangernyw. The house was one of those occupied by Colonel Thomas Gee, the son of Thomas Gee (1815–1898) the well known radical publisher, and is seen here between 1916 and 1920.

Thomas a'i wraig Isolina Gee, a ymgartrefai yn Hafodunos, mewn criw hela, tua 1918. Enw Isolina Gee cyn priodi oedd Miss Isolina Tate, ac roedd yn ferch i Syr Henry Tate, masnachwr siwgwr cefnog a sylfaenydd Oriel Tate.

Thomas and his wife Isolina Gee, residents of Hafodunos, in a shooting party, c. 1918. Isolina Gee was formerly Miss Isolina Tate, daughter of Sir Henry Tate, the wealthy sugar magnate and founder of the Tate Gallery.

Ciperiaid Llangwm yn dangos ffrwyth eu llafur yn erbyn tylwyth Siôn Blewyn Coch, 1930au.
Mewn rhai o stadau'r Gogledd, byddid yn dal llwynogod yn fyw a'u hallforio i'w hela gan fonedd
Lloegr. Mae'n amlwg yma ei bod yn well ganddynt gamau mwy uniongyrchol.

Llangwm gamekeepers displaying the results of their efforts against the fox population in the 1930s.
In some North Wales estates, foxes were caught alive and exported to the English gentry for hunting
sport. Here, more direct action was clearly favoured.

Dosbarth dysgu garddio yn ysgol Llangwm, tua 1920.
  A school gardening class at Llangwm, c. 1920.

Criw o'r Ysgol Sul leol yn eu dillad gorau ac yn barod i adael iard gwesty'r Saracen, Cerrigydrudion, tua 1900. Mae'r gwesty wedi ei foderneiddio bellach a'r tai ar y chwith wedi eu dymchwel er mwyn lledu'r ffordd osgoi sy'n rhan o'r A5.

The local Sunday school party dressed up and ready to leave the yard of the Saracen's Hotel, Cerrigydrudion, c. 1900. The hotel has now been modernized and the houses on the left demolished to make room for the widened A5 bypass.

Ffordd Rhuthun, Cerrigydrudion, yn ystod gaeaf 1962 – 63. Mae llawer o'r busnesau wedi cau ers hynny: mae'r iard lo ar y chwith yn safle i Gymdeithas Tai Clwyd; mae siop y groser ar y dde, Bodlondeb, wedi ei throi'n fflatiau. Dim ond tafarn y White Lion a'r siop ffrwythau yn y canol sy'n aros heddiw.

The Ruthin road, Cerrigydrudion, during the winter of 1962 – 3. Many of the businesses have since closed down: the coal merchant's yard on the left is now the site of Tai Clwyd; the grocery shop on the right, Bodlondeb, is now flats. Only the White Lion and the greengrocer's in the centre remain today.

Parti picnic yng nghapel Tŷ Mawr, Cwmpenanner, 1907, yn eu plith aelodau o deulu Ellis, Tŷ
Mawr. Rhes gefn, o'r dde I'r chwith: Margaret Ellis (4ydd o'r dde). Trydedd res (o'r dde): Elen
Ellis, yn sefyll; David Ellis, ei gŵr (yn eistedd); Jane, eu merch; David, eu mab ac Elizabeth, eu
merch (7fed). Rhes flaen (o'r dde): Thomas, eu mab; Elen, eu merch (3ydd); Margaret Roberts
(6ed) a'i brawd William Roberts (9fed), y ddau o Dŷ'n Rhos on Sea. Roedd hen hen daid David
Ellis, Robert, yn un o ysgogwyr y Methodistiaid Calfinaidd ac efe a adeiladodd capel Tŷ Mawr
yn 1827.

   *A picnic party at Tŷ Mawr chapel, Cwmpenanner, 1907, including members of the Ellis family of
Tŷ Mawr. They include, back row, right to left: the son Thomas (first), the daughter Elen (third),
Margaret Roberts (sixth) and her brother William Roberts (ninth), both of Tŷ'n Rhos on Sea. Third
row: Elen Ellis (standing), her husband David Ellis (seated), their daughter Jane (third), son their son
David (fourth) and daughter Elizabeth (seventh). Front row: Margaret Ellis (fourth from the right).
David Ellis's great grandfather, Robert, had been a prime mover in the Calvinist Methodist movement
and had built Tŷ Mawr chapel in 1827.*

Plant ysgol Pentrellyncymer, Cerrigydrudion, 1912.
   Children of Pentrellyncymer school, Cerrigydrudion, 1912.

Tawelwch y wlad: bugail yn gyrru ei braidd i'w porfa dros yr haf heibio i Eglwys Fihangel ym Metws yn Rhos sy'n nodedig oherwydd ei dau feindwr.

Rural tranquility: a shepherd drives his flock to summer pasture past the distinctive twin-spired church of St Michael at Betws yn Rhos.

Gwedd galetach ar fywyd y wlad: clirio eira ym Mylchau a thafarn Bryntrillyn yn sefyll yn hwylus gerllaw i gynnig cynhaliaeth.

The harder side of rural life: clearing snow at Bylchau with the Sportsman's Arms conveniently near to provide welcome sustenance.

Gwesty'r Lion, Gwytherin. Mae'r tŷ sydd nesaf at y gwesty wedi ei ddymchwel ers hynny a defnyddir y lle'n faes parcio i ymwelwyr â'r gwesty.

Lion Hotel, Gwytherin. The house adjoining the hotel has since been demolished and the area is now used as a car park for hotel patrons.

Y cynhaeaf gwair yn Felin Bont Newydd, Llannefydd, tua 1914.
Hay making at Felin Bont Newydd, Llannefydd, c. 1914.

Gweinidog Llanfair Talhaearn, John Phillips, yn arwain bedydd awyr agored yn yr afon islaw'r bont yn Llannefydd, 1923. Roedd achlysuron o'r fath yn achosion dathlu a diddordeb mawr yn y cylch, fel y gwelir oddi wrth y dorf anferth o wylwyr.

The minister of Llanfair Talhaearn, John Phillips, conducting an open-air total immersion baptism below the bridge at Llannefydd, 1923. Such events were cause for great local celebration and interest, as testified by the huge crowd of onlookers.

Cyfle arall i bobl y fro ddod at ei gilydd: dathlu'r coroni y tu allan i dafarn yr Hawk and Buckle, Llannefydd, 1953.

Another opportunity for the community to come together: coronation celebrations outside the Hawk and Buckle, Llannefydd, 1953.

Cerrig rhyd ar afon Aled islaw eglwys Llansannan a thai Tan y Fynwent, tua 1890. Cafwyd awgrym, sydd heb ei gadarnau, mai H.M. Stanley yw'r sawl sy'n croesi ar y cerrig.
Stepping stones across the River Aled below Llansannan church and Water Street cottages, c. 1890. An unconfirmed suggestion is that the figure crossing the stones is H.M. Stanley.

Cwmni Drama Llansannan, tua 1910.
Llansannan drama group, c. 1910.

2

Bae Colwyn a'r Cylch /
Colwyn Bay and District

Traeth Bae Colwyn a pherfformiwr yn diddanu'r ymwelwyr, 1894. Roedd hyn cyn adeiladu'r pier cyntaf. Mae amlinell fawreddog y Colwyn Bay Hotel, pan oedd yn ugeinfed flwyddyn ei oes o gan mlynedd, i'w gweld yn eglur ymhellach o gylch y bae.

Colwyn Bay beach with a performer entertaining visitors, 1894. This was before the construction of the first pier. The impressive outline of the Colwyn Bay Hotel, then in the twentieth year of its one hundred year existence, is clearly visible further round the bay.

Hanes digon anffodus sydd i'r pafiliynau ar bierau Bae Colwyn. Agorwyd Pier Victoria, a welir yma yn y 1920au, ar 1 Mehefin 1900 ac roedd yn 350 llath o hyd. Dinistriwyd y pafiliwn cyntaf hwn, Riviere's, gan dân yn 1922.

Colwyn Bay's pier pavilions have suffered an unfortunate history. The Victoria Pier, seen here in the 1920s, was opened on 1 June 1900 and was 350 yards long. This first pavilion, Riviere's, was destroyed by fire in 1922.

Yr ail bafiliwn yn cael ei adeiladu ar 22 Ebrill 1923. Fe'i hailagorwyd ar 23 Gorffennaf yr un flwyddyn.

The second pavilion under construction on 22 April 1923. It was reopened on 23 July of the same year.

34

Y pafiliwn newydd, tua 1925. Llosgwyd hwn hefyd yn 1933 a'i ailagor ar 8 Mai 1934. Fe'i gwerthwyd an y cyngor i gwmni preifat yn 1968.

The new pavilion, c. 1925. This also was burned down in 1933 and reopened on 8 May 1934. In 1968 it was sold by the council to a private company.

Golygfa o *The Rebel Maid* gan Gymdeithas Opera Ysgafn Bae Colwyn ym Mhafiliwn y Pier, 1 Mehefin 1946.

A scene from The Rebel Maid *by the Colwyn Bay Light Opera Society in the Pier Pavilion, 1 June 1946.*

Dau o'r llu o berfformwyr a ddiddanai ymwelwyr ar Bier Bae Colwyn yn y 1920au a'r 30au.

Two of the many performers who gave pleasure to visitors to Colwyn Bay Pier in the 1920s and '30s.

Cafodd cenedlaethau o blant eu swyno gan reilffordd fechan Bae Colwyn hyd ei thymor olaf yn 1988. Yn 1989 derbyniwyd cynnig o £600 i gael gwared â'r cledrau ac erbyn 1990 roedd holl olion y rheilffordd wedi diflannu a gwely'r trac wedi ei droi'n llwybr troed.

The Colwyn Bay miniature railway delighted generations of children until its final season in 1988. In 1989 a bid of £600 was accepted for disposal of the track and, by 1990, sadly all traces of the railway had disappeared with the trackbed converted to a footpath.

MINIATURE RAILWAY, COLWYN BAY.

W.6127

Siop fwydydd Dyson and Wilkinson yn Ffordd Abergele, Bae Colwyn gyda siarabángs a gyrwyr bysiau Red Rose yn sefyll y tu allan, tua 1930. Mae safon ac amrywiaeth y siopau yn Ffordd Abergele a hysbysebir yng *nghyfarwyddiadur masnach* 1927 yn brawf fod Bae Colwyn yn dal i ffynnu fel tref wyliau ffasiynol.

Dyson and Wilkinson's grocery shop in Abergele Road, Colwyn Bay, with charabancs and drivers of Red Rose Coaches posing outside, c. 1930. The quality and variety of shops in Abergele Road advertised in the 1927 Trades Directory, testifies to the continued success of Colwyn Bay as a fashionable resort.

Un o siarabángs Red Rose o Fae Colwyn ar wibdaith dros Fwlch Llanberis, a David Jones, Llanberis, yn ei yrru, tua 1930. Byddai'r daith hon wedi costio 7s 6ch (37½c) ac fe gymerai ddiwrnod cyfan yn ôl pob tebyg, oherwydd ceir adroddiadau mewn papurau newydd o'r un cyfnod am yrwyr siarabángs yn cael eu herlyn am dorri'r cyfyngiad cyflymdra trwy yrru'n ddiofal ar 17 mya.

A Red Rose charabanc from Colwyn Bay on a trip over the Llanberis Pass, driven by David Jones of Llanberis, c. 1930. This trip would have cost 7s 6d (37½p.) and presumably would have been an all day affair, since contemporary newspapers report charabanc drivers being prosecuted for exceeding the speed limit by driving at a reckless 17 mph.

Gorymdaith Gŵyl Fai trwy ganol Bae Colwyn, bron â chyrraedd siop blodau a ffrwythau Jenkinson ar gornel Rhiw Bank Road, ar ddechrau'r 1900au.

A May Day procession through the centre of Colwyn Bay, just approaching Jenkinson's florist's and fruiterer's shop (left) on the corner of Rhiw Bank Road in the early 1900s.

Golwg fanylach ar siop A. Jenkinson a'i staff, tua 1914. Mae'r siop bellach yn siop hen bethau ond mae'r balconi a'r canopi nodedig yn aros o hyd.

A closer view of A. Jenkinson's shop and staff, c. 1914. The shop is now an antique shop but retains its distinctive balcony and canopy.

Seindorf Ysgol Sul Engedi y Methodistiaid Calfinaidd ar bromenâd Bae Colwyn, tua 1905.
The band of Engedi Calvinist Methodist Sunday school on Colwyn Bay promenade, c. 1905.

Sefydliad Hyfforddi'r Congo, Bae Colwyn, tua 1895. Y cenhadwr y Parchedig William Hughes a sefydlodd y fenter ryfeddol hon. Ei nod oedd rhoi addysg Gristnogol i bobl o Affrica ynghyd â phrentisiaeth ymarferol mewn crefftau fel gwaith coed, teilwriaeth neu waith gof; aent adref wedyn yn genhadon hunangynhaliol at eu pobl eu hunain. Dewiswyd Bae Colwyn oherwydd ei hinsawdd mwyn a'i drigolion duwiolfrydig. Roedd y Sefydliad yn Nant-y-Glyn Road a chafodd lawer iawn o gefnogaeth, yn lleol a dramor, a'r Brenin Leopold o Wlad Belg yn noddwr, hyd nes i'r Parchedig Hughes ddod yn destun cywilydd yn sgil cyhoeddusrwydd drwg ac fe'i caewyd yn 1911.

The Congo Training Institute, Colwyn Bay, c. 1895. This interesting phenomenon was the creation of the missionary, Revd William Hughes. His aim was to give African people a Christian education and a practical apprenticeship to a trade such as carpentry, tailoring or blacksmithing; they would then return home as self supporting missionaries to their own people. Colwyn Bay was selected because of its gentle climate and pious inhabitants. The Institute was in Nant-y-Glyn Road and attracted a great deal of support both locally and abroad, with King Leopold of the Belgians as patron, until Revd Hughes was disgraced by adverse publicity and the Institute was closed in 1911.

Stablau hurio Woodland o'r eiddo Edwin Jones yn Ffordd Conwy, Bae Colwyn, tua 1895. Roedd Edwin Jones, sy'n sefyll yn bedwerydd o'r dde, yn berchen ar iard yn y Colwyn Bay Hotel. Yn 1895 rhoddodd hysbyseb yn y *North Wales Weekly News* i ddatgan fod ei stablau bellach yn meddu ar hers newydd ag ochrau gwydr a cherbydau caeëdig. Erbyn 1901 roedd y busnes yn eiddo i J. Fred Francis.

Edwin Jones' Woodland livery stables, Conwy Road, Colwyn Bay, c. 1895. Edwin Jones, standing fourth from the left, also had a yard at the Colwyn Bay Hotel. In 1895 he advertised in the North Wales Weekly News *that his stables were now furnished with a new glass-sided hearse and closed carriages. By 1901 the business had been taken over by J. Fred Francis.*

Gweithwyr Swyddfa Post Bae Colwyn, tua 1890.
  Staff of Colwyn Bay post office, c. 1890.

Agor meysydd chwarae Min-y-Don, 18 Gorffennaf 1928. Y Cynghorydd D. Price Evans YH, cadeirydd y Pwyllgor Parciau, sydd yn dechrau'r gêm gyntaf dan lygad y Cynghorydd H. Kyffin Jones, cadeirydd Cyngor Dosbarth Trefol Colwyn.
  The opening of Min-y-Don recreation grounds, 18 July 1928. Councillor D. Price Evans JP, chairman of the Parks Committee, leads in the first game watched by Councillor H. Kyffin Jones (centre, left), chairman of Colwyn UDC.

41

Genethod Coleg Penrhos, Bae Colwyn yn paratoi at daith beicio, tua 1910.
Girls of Penrhos College, Colwyn Bay preparing for a bicycle trip, c. 1910.

Gwasanaeth bysiau Bae Colwyn Uchaf a Bryn-y-Maen, a'r gyrrwr Owen Roberts, 1930.
Upper Colwyn Bay and Bryn-y-Maen bus service, with the driver Owen Roberts, 1930.

Y Spitfire *Borough of Colwyn Bay*, 1940. Enwyd yr awyren er mwyn cydnabod ymdrech pobl y dref at y rhyfel trwy fuddsoddi mewn Cynilion Cenedlaethol. Gwaetha'r modd, fe syrthiodd i'r ddaear yn 1943, heb erioed fod mewn brwydr, pan oedd mewn ymarfer hedfan yn yr Alban.

The Spitfire Borough of Colwyn Bay, *1940. The aircraft was given its name to mark the townspeople's war effort through National Savings investment. Unfortunately, it crashed in 1943, never having seen active service, while on a training flight over Scotland.*

Diwedd cyfnod: y cwbl oedd yn weddill o fawredd y Colwyn Bay Hotel, Medi 1975. Fe'i codwyd yn 1872 a'i brynu yn 1879 gan Quellyn Roberts & Co., Caer. Un o nodweddion yr adeilad oedd ei 365 o ffenestri – un am bob dydd o'r flwyddyn. Pan oedd ar ei anterth byddai'r gwesteion a gyrhaeddai yn yr orsaf yn cael eu croesawu yno gan borthor mewn lifrai coch. Fe gaeodd yn derfynol yn Ionawr 1974 a fflatiau hen bobl Princess Court sydd bellach ar y safle.

The end of an era: the last remains of the once magnificent Colwyn Bay Hotel, September 1975. Built in 1872, it was bought in 1879 by Quellyn Roberts & Co. of Chester. A feature of the building was its 365 windows – one for each day of the year. In its heyday guests arriving by train were greeted at the station by a scarlet-liveried porter. It finally closed in January 1974 and the site is now occupied by Princess Court retirement flats.

T"m pêl-droed Old Colwyn United, tymor 1911/12.
Old Colwyn United football team, 1911/12 season.

Siop saer olwynion Joseph Evans yn Llawr Pentre, Hen Golwyn, tua 1890.
Joseph Evans's wheelwright's shop at Llawr Pentre, Old Colwyn, c. 1890.

Y fynedfa dan ddaear i orsaf reilffordd Hen Golwyn, tua 1900. Agorwyd yr orsaf, oedd ar Ffordd yr Orsaf, yng ngwaelod Queen's Road, yn 1884 ac fe'i caewyd ar 1 Rhagfyr 1952.

The subway entrance to Old Colwyn railway station, c. 1900. The station, which was on Station Road, at the bottom of Queen's Road, was opened in 1884 and closed on 1 December 1952.

Lledu Ffordd Abergele yn Nhrwyn Penmaen yn y 1930au. Roedd y ffordd newydd yn torri ar draws dau dro pedol cul a pheryglus ar un o'r ffyrdd prysuraf yng Nghymru yn y tymor gwyliau. Codwyd y draphont o goncrid dur i gario'r ffordd ar draws hafn yn y graig gan Norwest Construction Co. Ltd ar gost o £16,000 ac fe'i hagorwyd ar 6 Mehefin 1935.

Widening the Abergele Road at Penmaen Head in the 1930s. The new road cut off a narrow and dangerous 'S' bend on one of the busiest roads in Wales during the holiday season. The reinforced concrete viaduct, built by Norwest Construction Co. Ltd, which carried the road across a ravine in the cliffs cost £16,000 and was opened on 6 June 1935.

Llandrillo a Rhiwledyn o Chwarel Bryn Euryn yn y 19 ganrif. Mae'n debyg i'r llun gael ei dynnu tua adeg gwerthu Stad Pwllycrochan yn 1865, ychydig cyn gweithredu'r cynlluniau i ddatblygu Bae Colwyn yn dref wyliau.

Llandrillo and the Little Orme seen from Bryn Euryn Quarry in the nineteenth century. The photograph was probably taken around the time of the sale of Pwllycrochan estate in 1865, just before plans for the development of Colwyn Bay as a resort town were put into action.

Eglwys blwyf Llandrillo, y ficerdy a'r Ship Inn wreiddiol a gafodd ei dymchwel yn 1874 a'i hailgodi ar ochr arall y ffordd ar ei safle presennol. Nid yw'r gwaith cloddio wedi dechrau eto yn Rhiwledyn.

Llandrillo parish church, the vicarage and the original Ship Inn, which was demolished in 1874 and rebuilt across the road in its present position. Quarrying had not yet commenced on the Little Orme.

Eglwys blwyf Llanelian a thafarn y White Lion, 1929. Mae angen croesi buarth yr hen dafarn i gyrraedd yr eglwys: trefniant ystyriol sy'n cynnig cynhaliaeth i'r corff a'r enaid!

Llanelian parish church and the White Lion Inn, 1929. Access to the church is across the courtyard of the old inn: a thoughtful arrangement that offers sustenance to both the spirit and the stomach!

Cornel Penllan, pentref Llanddulas, tua 1910. Mae'r siop ar y chwith wedi ei dymchwel bellach ac mae'r un ar y dde yn garej preifat.

Penllan corner, Llanddulas village, c. 1910. The shop on the left has since been demolished and that on the right is now a private garage.

Gwŷr bad achub Llanddulas, ddiwedd y 19 ganrif. Daeth gorsaf y bad achub i Landdulas o Abergele, a'i hagor ar 26 Medi 1869, a hynny o bosibl am fod chwarelwyr ar gael yno oedd yn barod i ymgymryd â'r gwaith caled a pheryglus o achub ar y môr. Talodd Mr R. Bamford Hesketh o Gastell Gwrych am godi gorsaf newydd ar fin y môr ond ni fu galw ar y dynion i geisio achub neb tan 1876. Heddiw y mae'r orsaf yn dŷ preifat.

Llanddulas lifeboatmen in the late nineteenth century. The lifeboat station moved to Llanddulas from Abergele on 26 September 1869, possibly because of the availability of quarrymen ready to take on the dangerous and strenuous work of sea rescue. Mr R. Bamford Hesketh of Gyrych Castle paid for the new station to be built on the shore but it was not until 1876 that the men were called upon to undertake their first rescue attempt. The station is now a private house.

Seindorf Bres Llanddulas, tua 1865.
Llanddulas Brass Band, c. 1865.

Trychineb pont reilffordd Llanddulas, 17 Awst 1879. Ar ôl stormydd dychrynllyd chwyddwyd afon Dulas gan lifogydd a chafodd y bont ei hysgubo ymaith. Bu'n rhaid aros am ddeuddydd cyn ceisio gwneud unrhyw waith atgyweirio ond ymhen yr wythnos roedd pont dros dro wedi ei chodi a thrên Caergybi yn gallu rhedeg fel arfer.

Llanddulas railway bridge disaster, 17 August 1879. Terrific storms and consequent flooding swelled the River Dulas and washed away the viaduct. It was two days before any repairs could be attempted but by the end of the week a temporary bridge permitted the Holyhead train to run as usual.

Traphont newydd Llanddulas yn cael ei hadeiladu, 1879. Gweithiodd criw anferth o weithwyr ddydd a nos a chyflawni'r gamp anhygoel o godi'r draphont newydd ymhen tua thair wythnos. Roedd y fframwaith dur yn barod yn Crewe o fewn wythnos a chododd y seiri maen yr wyth piler a welir yma gan ddefnyddio goleuadau trydan am y tro cyntaf mewn gwaith o'r fath.

Llanddulas new viaduct under construction, 1879. A huge workforce, working day and night, succeeded in the amazing feat of building the new viaduct in approximately three weeks. The steel structure was made ready in Crewe within a week and masons, using electric light for the first time in such a venture, constructed the eight piers here illustrated.

49

Gorsaf Llysfaen ac injan stêm yn nesáu, ar ddechrau'r 20 ganrif. Agorwyd yr orsaf yn 1862, a'i galw'n wreiddiol yn orsaf Llanddulas. Newidiwyd ei henw yn orsaf Llysfaen yn 1889 a pharhaodd felly tan 5 Ionawr 1931, pryd y cafodd ei chau ar yr un adeg â nifer o orsafoedd eraill llai eu defnydd.

Llysfaen station with a steam locomotive approaching in the early twentieth century. The station was opened in 1862, originally under the name of Llanddulas. In 1889 its name was changed to Llysfaen until 5 January 1931, when along with a number of other lesser used stations, it fell prey to a programme of closure.

Pont newydd Holyhead Road, Llysfaen.
The new Holyhead Road Bridge at Llysfaen.

Hogiau'r ffordd a'u stêm-roler ar bromenâd Llandrillo yn Rhos, tua 1890.
Road menders with their steam roller on Rhos-on-Sea promenade, c. 1890.

Rhos Road, Llandrillo yn Rhos o'r promenâd, yn gynnar yn y 1950au.
Rhos Road, Rhos-on-Sea from the promenade in the early 1950s.

Yr awyren gyntaf i lanio yng Nghymru a welir yma, ar flaen y traeth yn Llandrillo yn Rhos, Awst 1910. Y peilot ar y daith hanesyddol hon mewn awyren ddwbl Farman oedd Robert Loraine.

The first aircraft to land in Wales pictured on the foreshore at Rhos-on-Sea, August 1910. This record-breaking landing was made by Robert Loraine in a Farman biplane.

Pier Llandrillo yn Rhos, 1905. Adeiladwyd y pier trawiadol hwn, oedd yn 1250 llath o hyd, yn Douglas, Ynys Manaw a'i ailgodi yn Llandrillo yn Rhos. Ar ôl difrod bwriadol, er mwyn drysu cynlluniau'r gelyn yn yr Ail Ryfel Byd, mae'n debyg, fe'i dymchwelwyd o'r diwedd yn 1954.

Rhos-on-Sea pier, 1905. This impressive pier, measuring 1,250 yards in length, was built at Douglas on the Isle of Man but reconstructed at Rhos-on-Sea. After deliberate damage, apparently to foil invasion attempts in the Second World War, it was eventually demolished in 1954.

Mountain View Hotel, Mochdre, tua 1907.
Mountain View Hotel, Mochdre, c. 1907.

Ysgol Gynradd Mochdre, dosbarth y plant bach gyda'u hathrawon, haf 1946.
Mochdre primary school, the infants' class with their teachers, summer 1946.

Gŵyl Brenhines y Rhosod, Mochdre, 1948, a'r Frenhines Barbara a'i chydymaith yn ymdeithio i ddefod y coroni.

Mochdre Rose Queen Festival, with Queen Barbara and escort processing to the crowning ceremony, 1948.

Wynebau siriol Cybiaid Mochdre, a hwythau'n ymbaratoi i gymryd rhan mewn Gŵyl Rosod arall, 1951.

The grinning faces of Mochdre Cubs getting ready to take part in another Rose Day Festival, 1951.

3

Dyffryn Conwy /
Conwy Valley

Gwesty Conwy Vale, Llansanffraid Glan Conwy ac aelodau o glwb beicio, tua 1920.
Conwy Vale Hotel, Llansanffraid Glan Conwy, with cycling club members, c. 1920.

THE STATION, GLAN CONWAY. 204 366 J.V.

Disgwyl y trên yng ngorsaf Glan Conwy, tua 1920. Sylwer ar arwydd London & North Western Railway a ddaeth yn rhan o'r LMS yn y cyfuno yn 1923.

Awaiting the train at Glan Conwy railway station, c. 1920. Note the sign of the London & North Western Railway, which became part of the LMS in the grouping of 1923.

Gŵyl Brenhines y Rhosod, Ro-wen, 1929. Y frenhines fach, sydd â chydymaith mor olygus, yw Myfanwy Thomas, Swyddfa'r Post Ro-wen. Margaret Rofe, Tan Gwalia, yn y canol, oedd y frenhines gyntaf erioed yn 1927 a'r eneth ar y chwith yw Brenhines Llandudno ar ymweliad.

Rowen Rose Queen Festival, 1929. The little Rose Queen being so handsomely escorted is Myfanwy Thomas of Rowen post office. Margaret Rofe, Tan Gwalia, in the centre, was the first ever Queen of 1927 and the girl on the left was a visiting Queen from Llandudno.

Teulu Roberts, Tan 'Rallt, Ro-wen, yn y 1920au. Mae Letitia a William Roberts yn sefyll ar y chwith gyda'u plant William Richard a Letitia Ann ar gefn y ceffyl. Gwelir hefyd nain Bryn Gwenith a'i mab hithau John Roberts.

The Roberts family of Tan 'Rallt, Rowen, in the 1920s. Letitia and William Roberts stand on the left with their children William Richard and Letitia Ann on the horse. Also pictured are grandmother, Bryn Gwenith and her son John Roberts.

Ffermwyr y cylch wedi ymgynnull i helpu yn y cneifio defaid blynyddol yng Ngharreg y Ffordd, Tal-y-bont, yn y 1950au. Yn eu plith y mae: Albert Evans (Llwydfan), Thomas Williams (Tan 'Rallt), William Owen (Garthmor), Alun a John Hughes (Eirianws), Bobi Hughes (Pant Meurig), Hywel Hughes (Ddôl Castell), Fred Williams (Glasfryn), Gwilym Roberts (Gwern y Felin), Pierce Roberts (Caerhun).

Local farmers gathered to help in the annual sheep shearing at Carreg y Ffordd, Tal y Bont, in the 1950s. Included in the group are: Albert Evans (Llwydfan) Thomas Williams (Tan 'Rallt), William Owen (Garthmor), Alun and John Hughes (Eirianws), Bobi Hughes (Pant Meurig), Hywel Hughes (Ddol Castell), Fred Williams (Glasfryn), Gwilym Roberts (Gwern y Felin), Pierce Roberts (Caerhun).

Dosbarth y bechgyn yn Ysgol Ro-wen yn y 1890au. Mae'r prifathro, Mr David Arthur Hughes, yn sefyll yng nghefn y dosbarth ar y chwith.

The boys' class at Rowen school in the 1890s. The headmaster, Mr David Arthur Hughes, stands at the back of the class on the left.

Siop teiliwr Evan Ogwen Evans, Tal-y-cafn, yn y 1920au. Saif Mr Evans o flaen y drws a'i dâp mesur am ei wddw. Mae'r siop yn bod heddiw, ond nid ar ei safle gwreiddiol, ac fe'i cedwir gan ei wyres.

Evan Ogwen Evans's tailors' shop, Tal y Cafn, in the 1920s. Mr Evans stands outside the door with his tape measure round his neck. The shop still exists today, although not on the original site, run by his granddaughter.

Y Plas, Caerhun, 1885. Hon oedd yr hen neuadd, y peintiwyd ei llun gan Buckley Ansey, cyn ei dinistrio gan dân.

The Hall, Caerhun, 1885. This was the old hall, painted by Buckley Ansey, before it was destroyed by fire.

Grŵp teuluol y tu allan i Blas Caerhun bresennol, tua 1908. Ailgodwyd y neuadd gan y Cadfridog Gough oedd yn byw yn Jersey ac yn gosod y tŷ i denantiaid cefnog. Y rhain yw teulu Gee, ac Isolina Gee yn eistedd ar y chwith, Miss Hampson y forwyn barlwr yn sefyll ac Isoline Gee (yn marchogaeth), merch Howel Gee a fabwysiadwyd gan ei hewythr a'i modryb, Thomas ac Isolina.

A family group outside the present Caerhun Hall, c. 1908. The hall was rebuilt by General Gough who lived in Jersey and let the house to well-to-do tenants. These are the Gee family, with Isolina Gee seated on the left, Miss Hampson the parlour maid standing and Isoline Gee (mounted), who was the daughter of Howel Gee but adopted by her uncle and aunt, Thomas and Isolina.

59

Criw hela yn Nyffryn Conwy, tua 1910. Yn y canol, saif Mr Hill, ciper ym Mhlas Caerhun.
A shooting party in the Conwy Valley, c. 1910. In the centre stands Mr Hill, gamekeeper at Caerhun Hall.

Tafarn y Bedol ac efail y gof, Tal-y-bont, tua 1910.
Y Bedol Inn and smithy, Tal y Bont, c. 1910.

Y brif stryd yn Eglwysbach, yn edrych tua Eglwys St Martin, tua 1900. Mae'r adeilad bychan yn y tu blaen ar y chwith wedi ei ddisodli gan estyniad modern i'r tŷ nesaf. Ceir dyddiadau ar flaen y tai rhwng 1847 a 1895.

The main street in Eglwysbach, looking towards St Martin's church, c. 1900. The small building on the left in the foreground has been replaced by a modern extension to the house next to it. Dates on the fronts of the cottages range from 1847 to 1895.

Gwarchodlu Cartref Eglwysbach, 1940.
  Eglwysbach Home Guard, 1940.

Rhes gefn, o'r chwith i'r dde / *Back row, left to right*: John Roberts, Gwilym Jones, Owen Thomas, -?-, Eryl Roberts, George Gilbert, Peter Jones. Rhes flaen / *Front row*: John Jones, R.E. Jones, Revd Baldwin Pugh, Harry Parry, Robert Morris.

Pwyllgor Gwaith Cymdeithas Sioe Amaethyddol a Garddwriaethol Eglwysbach, 1962/3.
Eglwysbach Agricultural and Horticultural Show Society executive committee, 1962/3.

Rhes gefn, o'r chwith i'r dde / *Back row, left to right*: J.E. Roberts, Gwilym Jones, Owen Jones, John Roberts, Islwyn Williams, D M Sedgewick. Rhes ganol / *Middle row*: Edwin Jones, George Parry, William Roberts, J.O. Jones, John Jones, Mrs M. Williams, Peter Jones, Alun Jones, J.S. Jones, F.B. Bell, W. Gwyn Jones. Rhes flaen / *Front row*: C.T. Cropper, John Thomas, Mrs M. Phillips, D. Leslie Phillips, W.H. Davies, O.M. Jones, W.R. Bartley, Gwilym Hughes, Miss Gwyneth M. Bartley, Idris Owen, Dafydd Williams.

Y drychineb erchyll yn Nolgarrog ar 2 Tachwedd 1925, pryd y torrodd dyfroedd Llyn Eigiau drwy argae Coety ac ysgubo i lawr ochr y mynydd i'r pentref gan beri marwolaeth un ar bymtheg o bobl, chwech ohonynt yn blant, a tharo ergyd drom yn erbyn y gymuned ffyniannus hon. Yn y llun gwelir y bibell a ddifrodwyd a'r pileri maluriedig, a'r gwaith alwminiwm islaw.

The terrible disaster at Dolgarrog, on 2 November 1925, when the waters of Llyn Eigiau breached the Coedty dam and swept down the mountainside to the village and took the lives of sixteen people, six of them children, dealt a cruel blow to this thriving community. The picture shows the damaged pipeline and broken piers with the Aluminium Works below.

Dolgarrog, 10 Tachwedd 1925. Y rhai oedd yn fyw ar ôl ffrwydrad yn nhwnnel Cowlyd-Eigiau, o'r chwith i'r dde: F.H. Dale, Patrick Dennis, A. Spedding, J. Gerrard, J. Griffin. Lladdwyd Michael Riorden, fforman o Swydd Corc, yn y ddamwain ac anafwyd Daniel Reevey o Ddolgarrog, Ellis William Evans o 8 Brynhyfryd Terrace, Conwy, Patrick Dennis a Charles E. Evans o Clynnog House, Conwy.

Dolgarrog, 10 November 1925. Survivors of an explosion in Cowlyd-Eigiau tunnel, left to right: F.H. Dale, Patrick Dennis, A. Spedding, J. Gerrard, J. Griffin. Michael Riorden, a ganger from County Cork, was killed and Daniel Reevey from Dolgarrog, Ellis William Evans from No. 8 Brynhyfryd Terrace, Conwy, Patrick Dennis and Charles E. Evans from Clynnog House, Conwy, were injured in the accident.

Diwrnod y Carnifal yn Nhal-y-bont, tua 1915.
Carnival day in Tal-y-Bont, c. 1915.

Cei Trefriw gan Roger Fenton, teithiwr a thynnwr lluniau, 1857.
Trefriw Quay by Roger Fenton, the photographer and traveller, 1857.

St George, ail stemar Trefriw yn Nhrefriw, tua 1880. Adeiladwyd y stemar yn Swydd Stafford i'r Inland Steam Navigation Co. a daeth i Gonwy yn 1852. Fe'i chwalwyd yn 1910.

St George, the second Trefriw steamer at Trefriw, c. 1880. The steamer was built in Staffordshire for the Inland Steam Navigation Co. and came to Conwy in 1852. It was broken up in 1910.

Cloddwyr pyrit Cae Coch, Trefriw, haf 1882. Mae rheolwr y gloddfa, oedd yn byw yn Boston House, yn eistedd yn y canol yn y tu blaen yn gwisgo barf ddu drawiadol.

Cae Coch pyrites miners, Trefriw, summer 1882. The mine manager who lived in Boston House is seated centre front, sporting an impressive black beard.

Parti priodas o Tŷ hwnt i'r Gors yn Nhrefriw, ddechrau'r 20 ganrif.

A wedding party from Tŷ hwnt i'r Gors at Trefriw in the early twentieth century.

Golygfa o stryd yn Nhrefriw, tua 1905.
A Trefriw street scene, c. 1905.

Rownd llefrith yn Nhrefriw. John B. Cooper yn dosbarthu llefrith, 21 Ebrill 1927.
John B. Cooper delivering milk on his Trefriw milk round, 21 April 1927.

Sgwâr Ancaster, Llanrwst, tua 1910. Dymchwelwyd Neuadd y Farchnad yn 1963 ac ar ôl methu
â chynnwys y cloc yn nhŵr yr eglwys fe'i rhoddwyd ar fenthyg i Amgueddfa Werin Cymru, Sain
Ffagan.

*Ancaster Square, Llanrwst, c. 1910. The market hall was demolished in 1963 and the clock, after
the failure of an attempt to incorporate it in the church tower, was loaned to the Welsh Folk Museum at
St Fagan's.*

Golygfa o ochr arall Sgwâr Ancaster, Llanrwst a bws yn disgwyl teithwyr, tua 1920.
A view of the other side of Ancaster Square, Llanrwst, with a bus waiting for passengers, c. 1920.

Siop a gweithwyr E.P. Jones a'i Fab, Llanrwst, 1907.
  The shop and staff of E.P. Jones & Son, Llanrwst, 1907.

W.S. Williams, siop ddillad dynion, Ffordd yr Orsaf, Llanrwst, yn y 1930au. Un o'r dynion yw Ellis Owen, Tafarn y Fedw, Ffordd Newydd. Gwerthwyr tai Nationwide oedd yn yr adeilad ddiwethaf, ond y mae'n wag ers sawl blwyddyn erbyn hyn.
  W.S. Williams, gentlemen's outfitters, Station Road, Llanrwst, in the 1930s. One of the men pictured is Ellis Owen of Tafarn y Fedw, Abergele Road. The building was last occupied by the Nationwide estate agents, but has now been empty for some years.

Aelodau Adran 'C' y tu allan i Orsaf Heddlu Llanrwst, 1899.
Members of 'C' Division, outside Llanrwst police station, 1899.

Gwesty Victoria, Llanrwst, tua 1925, ac ymwelwyr yn nillad ffasiynol yr oes yn mwynhau'r olygfa o ddrws y gwesty a rhes o foduron crand yn sefyll gerllaw. Gwahanol iawn yw cyflwr yr adeilad heddiw.

The Victoria Hotel, Llanrwst, c. 1925, with fashionably dressed visitors admiring the view from the entrance and a row of smart motor vehicles parked outside. This presents a marked contrast to the sadly derelict building of today.

Pumed dosbarth Ysgol y Sir, Llanrwst gyda Mr R.H. Jones, 1937.
Llanrwst county school, fifth form class, with Mr R.H. Jones, 1937.

Cadwaladr Roberts yn nepo'r rheilffordd, Llanrwst, tua 1964. Ar gefn y lorri y mae llwyth o flociau alwminiwm a ddaeth ar y trên ac sydd i'w cludo i waith alwminiwm Dolgarrog ar hyd y ffyrdd.

Cadwaladr Roberts at Llanrwst railway depot, c. 1964. The lorry is loaded with aluminium blocks which have arrived by train to continue their journey to Dolgarrog Aluminium Works by road.

Golygfa o'r Royal Hotel ac Eryri o Gapel Curig, ddiwedd y 19 ganrif. Roedd awdur y cerdyn post hwn yn mynnu fod yr olygfa'n 'neisiach na turkish delight', a byddai llawer o'r un farn â hi.

A view of The Royal Hotel and Snowdonia from Capel Curig in the late nineteenth century. The writer of this postcard enthused that the view was 'nicer than Turkish Delight', and many would agree with her.

Y Tŷ Hyll, Capel Curig a gwibdaith mewn siarabáng, tua 1910.
The Ugly House, Capel Curig, with charabanc outing, c. 1910.

71

Pen blwydd Sefydliad y Merched Capel Curig yn un ar hugain oed, 1972.
Capel Curig Women's Institute's twenty-first birthday, 1972.

Ymweliad EFB Dug Caeredin â Chapel Curig i arolygu aelodau lleol y Lleng Brydeinig ac agor Canolfan Chwaraeon Plas y Brenin yn swyddogol, 1956.
The visit of HRH the Duke of Edinburgh to Capel Curig to inspect local British Legion members and officially open Plas y Brenin sports centre, 1956.

Rhes gefn, o'r chwith i'r dde / *Back row, from left to right*: J.R. Williams, J.L. Jones, William Roberts, Aled Roberts. Ail res / *Second row*: O.W. Owen, -?-, A. Davies, H. England, J. Pepper, W. Campion, P. Kirby. Trydedd res / *Third row*: W.S. Parrot, HRH the Duke of Edinburgh. Blaen / *At the front*: David Hughes, Ifor Jones, W.J. Hughes.

Cneifio defaid yn Royal Farm, Capel Curig. Esme Firbank a'r bachgen ysgol John Hughes gyda'r cnufiau wedi eu rholio, yn helpu Robert Davies, tua 1957.

Sheep shearing at Royal Farm, Capel Curig. Esme Firbank and schoolboy John Hughes are seen with rolled fleeces, assisting by Robert Davies, c. 1957.

Tafarn y White Horse, Capel Garmon, 28 Awst 1954.
The White Horse Inn, Capel Garmon, 28 August 1954.

Tai a siop yn Rhiwdolion, ger Betws-y-coed, ddiwedd y 19 ganrif. O'r chwith i'r dde: Catherine Hughes, siopwraig, Mrs Kate Williams (yn eistedd), Mrs Elizabeth Rowland Roberts ac Elizabeth ei merch.

The cottages and shop at Rhiwdolion, near Betws y Coed in the late nineteenth century. In the picture are, left to right: Catherine Hughes, shopkeeper, Mrs Kate Williams, Mrs Elizabeth Rowland Roberts and Elizabeth, her daughter.

Ystafell de'r Blue Bird, Betws-y-coed, yn y 1940au. Tafarn i deithwyr ceffyl a phwn o'r enw Tŷ Gwyn oedd hon yn wreiddiol a daeth yn ystafell de yn y 1920au. Mae bellach wedi mynd yn ôl i'r hen enw, gwesty Tŷ Gwyn.

The Blue Bird tearooms, Betws y Coed, in the 1940s. Originally a pack horse inn called Tŷ Gwyn, this became a tearoom in the 1920s. It has since reassumed the name Tŷ Gwyn Hotel.

Gweithwyr Swyddfa Post Betws-y-coed, gyda'r ci, 1951.
  Staff of Betws y Coed post office, with dog, 1951.

Criw mewn carnifal ym Metws-y-coed, 1957. Y macwyaid (yn eistedd) yw: ar y chwith, Arthur Davies ac ar y dde, Bobby Roberts. Yn sefyll, o'r chwith i'r dde, y mae: Brenda Owen, Brenda Pierce, Pat Fox (cydymaith y Frenhines), Mary Crowther (y Frenhines), Helen Williams, Linda Davies.
  Carnival group at Betws y Coed, 1957. The seated pageboys are: on the left, Arthur Davies and on the right, Bobby Roberts. Standing are, left to right: Brenda Owen, Brenda Pierce, Pat Fox (Queen's consort), Mary Crowther (Queen), Helen Williams, Linda Davies.

Y ddraig goch yng Ngŵyl Cymru, Betws-y-coed, 1958.
Welsh dragon at the Festival of Wales, Betws y Coed, 1958.

Golygfa o stryd ym Mhentrefoelas yn dangos Swyddfa'r Post, tua 1930.
Pentrefoelas street scene showing the post office, c. 1930.

Mary Kate Thomas o Gae Haidd, Nebo yn
cadw llygad ar faciwî bach o Lerpwl yn
bwydo'r ieir, 1942.
Mary Kate Thomas of Cae Haidd, Nebo,
supervizing a young Liverpool evacuee's
enthusiastic hen feeding efforts, 1942.

John H. Edwards o'r Tai Duon, Padog, yn
y 1930au. Mae'n amlwg fod y campau
acrobataidd hyn wedi talu ar eu canfed:
priododd Miss Thomas o Gae Haidd
(uchod) â Mr Edwards wedi hyn, ac mae'r
ddau bellach yn ffermio yn Derlwyn,
Padog.
John H. Edwards of Tai Duon, Padog, in
the 1930s. This cool exhibition of acrobatic
skill evidently paid off: Miss Thomas of Cae
Haidd (above) later married Mr Edwards,
and the couple now farm at Derlwyn, Padog.

Evan Owen Evans yn nrws Tŷ Mawr, Wybrnant gyda Fflei'r ci, 1948. Yma yr ymgartrefai Mr Evans a'i wraig Edith Wynn rhwng 1945 a 1954 pan oedd yn eiddo i'r Comisiwn Coedwigo. Prynwyd y tŷ gan yr Ymddiriedolaeth Genedlaethol yn 1951 ac mae bellach wedi ei adfer i'w olwg debygol pan oedd yn gartref i'r Esgob William Morgan.

Evan Owen Evans in the doorway of Tŷ Mawr, Wybrnant, with Fly the dog, 1948. Mr Evans and his wife, Edith Wynn, lived here 1945–1954 when it was owned by the Forestry Commission. The National Trust acquired the house in 1951 and have since restored it to its probable appearance when Bishop Morgan lived there.

Dolwyddelan, tua 1870. Yn y llun gwelir Capel Elen a Chapel Genesarat a Mrs Ann Humphreys, Tŷ Capel.

Dolwyddelan, c. 1870. The picture shows Capel Elen and Capel Genesarat with Mrs Ann Humphreys of Tŷ Capel.

Gwesty Gwydyr, Dolwyddelan, tua 1905.
The Gwydyr Hotel, Dolwyddelan, c. 1905.

Dolwyddelan Station.

Gorsaf Dolwyddelan yn nyddiau cwmni London, Midland and Scottish Railway, tua 1935.
Dolwyddelan station in the days of the London, Midland and Scottish Railway, c. 1935.

Hollti a naddu llechi yn Chwarel Tynybryn, Dolwyddelan, 1895. Dechreuwyd cloddio yn Nhynybryn cyn gynhared â'r 1840au ond nid oedd swm y cynnyrch yn fawr hyd nes i Thomas Swift, H.R. Stevenson a J.G. Cooper o Fanceinion ei chymryd ar brydles gan Stad Gwydyr yn 1861. Yn 1890 fe'i prynwyd gan Thomas Mandle o Maryport pan werthodd Stad Gwydyr ei thiroedd yn Nolwyddelan a pharhawyd i gynhyrchu llechi tan y Rhyfel Byd Cyntaf. Bu ymdrech i ailagor y chwarel yn 1920 ond methu fu'r hanes ac fe'i caewyd yn derfynol yn 1924. Roedd Tynybryn yn cynhyrchu llechi a chlytiau ac roedd yn ei hanterth yn 1866-1868 (1478 tunnell) a 1876-1882 (1698 tunnell) ac ar yr adegau hynny roedd rhwng deugain a dau a thrigain yn gweithio yno.

Splitting and dressing slates at Tynybryn Quarry, Dolwyddelan, 1895. Quarrying started at Tynybryn as early as the 1840s but it was not until 1861, when Thomas Swift, H.R. Stevenson and J.G. Cooper from Manchester leased it from Gwydyr estate, that output became really significant. In 1890 Thomas Mandle from Maryport bought the property when Gwydyr sold its Dolwyddelan estate and production continued until the First World War. An attempt was made to re-establish the quarry in 1920 but this proved unsuccessful and the quarry finally closed for the last time in 1924. Tynybryn produced both slates and slabs with production peaks occurring in 1866–1868 (1,478 tons) and 1876–1882 (1,698 tons), with a workforce during these periods of between forty and sixty-two.

4

Creuddyn /
Creuddyn

Dalfa o bysgod braf yn atyniad ar bromenâd Llandudno yn y 1920au.
Onlookers admiring a catch of fish displayed on Llandudno promenade in the 1920s.

Llun cynnar o bromenâd Llandudno a dynnwyd gan Roger Fenton ar ei daith trwy Gymru yn 1857. Ymhlith y gwestyau cynnar a welir y mae St Tudno's (cyntaf ar y chwith) a adeiladwyd gan Thomas Jones, Dwygyfylchi, lle y daeth yr Alice a anfarwolwyd yn *Alys yng Ngwlad Hud* i aros gyda'i theulu ar ei gwyliau cyntaf yn Llandudno. Uwchlaw'r gwestyau ar y Gogarth gellir gweld dillad a olchwyd wedi eu rhoi dros y llwyni i sychu. Parhawyd â'r arfer hon tra bu modd, er gwaethaf y geifr a'u hawydd i fwyta'r dillad, nes codi rhagor o westyau ar Hill Terrace. Ar ymyl y traeth i'r dde o'r cwt bach gellir gweld y fynedfa i gloddfa Tŷ Gwyn. Roedd y gwaith copor wedi dirywio erbyn hyn ac mae'r llun hwn yn gofnod o ddechreuad Llandudno fel tref wyliau lan môr lwyddiannus.

An early photograph of Llandudno promenade taken by Roger Fenton on his tour of Wales in 1857. The early hotels shown include the St Tudno's (extreme left) built by Thomas Jones of Dwygyfylchi, where Alice of Alice in Wonderland fame came to stay with her family on her first holiday in Llandudno. Above the hotels on the Great Orme can be seen washed clothes hung over bushes to dry. This custom continued, despite the problem of goats eating the washing, until the building of more hotels on Hill Terrace made it impractical. On the shoreline to the right of the little hut can be seen the adit to Tŷ Gwyn mine. Copper mining was by now in decline and this photograph documents the start of Llandudno as a successful seaside resort.

Gwesty'r Baths, ym mlaen y llun, oedd un o'r adeiladau cyhoeddus cyntaf yn y dref wyliau a ddaeth i fod yn Llandudno yn 1849. Codwyd gwesty'r Baths yn 1855 a chymerwyd ei le gan y Grand Hotel presennol yn 1901. I'r dde gwelir Pafiliwn y Pier (tua 1883-85) a losgodd i'r llawr ar 13 Chwefror 1994 mewn modd cofiadwy iawn. Erbyn hyn, mae'r promenâd wedi ei ddatblygu'n helaeth ac roedd ehangder mawreddog Prince Edward Square ar y dde iddo. Mae'n rhaid fod y llun hwn wedi ei dynnu cyn 1876 oherwydd nid oes golwg eto o'r pier newydd, a godwyd ar gost o £24,000.

The Baths Hotel, in the foreground, was one of the first public buildings of the new 1849 resort of Llandudno. The Baths Hotel dates from 1855 and was replaced by the present Grand Hotel in 1901. To its right is the ill fated Pier Pavilion (built c. 1883-5) which burned down spectacularly on 13 February 1994. The promenade was, by now, well developed with the grand open space of Prince Edward Square on its right. This picture must be earlier than 1876 since the new pier, which was built at a cost of £24,000, is not yet in evidence.

Y gwasanaeth cyntaf i blant yn Llandudno ar y Gogarth, tua 1876. Ymhlith y rhai a welir yma y mae'r ddau Mr Spiers, Mr Tyler, Mr Bishop, Miss Hall.

The first childrens' service in Llandudno on the Great Orme, c. 1876. Included in the group are the two Messrs Spiers, Mr Tyler, Mr Bishop and Miss Hall.

84

Er gwaethaf ei olwg teg, fe all y môr wrth Landudno fod yn beryglus iawn. Roedd llongddrylliadau yn gryn atyniad i ymwelwyr: yma gwelir y frigantîn *Catharina* o'r Iseldiroedd a suddodd ar fordaith o Runcorn i Riga â'i llwyth o halen, Tachwedd 1869.

Despite its benign appearance, the sea around Llandudno can be treacherous. Wrecks attracted their share of visitors: this is the Dutch brigantine Catharina, *which foundered on a trip from Runcorn to Riga with a cargo of salt, November 1869.*

Lansio bad achub cyntaf Llandudno. Codwyd gorsaf gyntaf y bad achub ger yr orsaf reilffordd fel y gellid mynd â'r cwch ar y trên i'w ddefnyddio ym Mhenmaenmawr a Bae Colwyn. Prynwyd y cwch hwn, *The Sisters' Memorial*, ag arian a roddwyd gan ddwy wraig o Lerpwl er cof am eu chwaer. Tynnwyd y llun hwn cyn adeiladu gorsaf bresennol y bad achub yn 1892.

The launch of the first Llandudno lifeboat. The original lifeboat station of 1861 was built beside the railway station so that the boat could be taken by train to serve Penmaenmawr and Colwyn Bay. This first vessel, called The Sisters' Memorial, *was bought with money provided by two Liverpool women in memory of their sister. The picture predates the present lifeboat station, built in 1892.*

Daeth torfeydd anferth i groesawu Dug a Duges Caerefrog i Landudno ar 26 Ebrill 1899 pan oeddent ar daith trwy ogledd Cymru. Buont yn aros gyda Iarll ac Arglwyddes Carrington yng Nghastell Gwydyr. Daeth y parti i Landudno ar drên arbennig a chawsant eu diddanu gan gôr o gant a hanner o leisiau ym Mhafiliwn y Pier. Yma gwelir yr orymdaith yn Mostyn Street, yn mynd heibio i'r gyffordd â Lloyd Street.

Huge crowds greet the visit of the Duke and Duchess of York to Llandudno on 26 April 1899 as part of their north Wales tour. They stayed as the guests of Earl and Lady Carrington at Gwydyr Castle. The party came to Llandudno by special train and were entertained by a 150-strong choir in the Pier Pavilion. The procession is seen here in Mostyn Street, passing the junction with Lloyd Street.

Un o siarabángs Llandudno Automobile Touring Co Ltd yn y 1920au. Roedd y siarabángs, fel y'u gelwid, wedi dechrau cymryd lle cerbydau a dynnid â cheffylau o 1907 ymlaen o leiaf. Yn aml byddent yn cael eu hadeiladu ar ffrâm lorri ac roedd iddynt gorff coets agored â drysau unigol at bob rhes o seddi yn hytrach nag eil ar hyd y canol. Prynwyd y busnes hwn gan gwmni Crosville Motors tua 1930. Ystafell arddangos ceir LSP sydd ar y safle erbyn hyn.

A charabanc of the Llandudno Automobile Touring Co. Ltd in the 1920s. So called 'charabancs' started to replace horse-drawn vehicles from at least 1907. They were often constructed on a lorry chassis fitted with an open coach body that had individual doors to each row of seats rather than a central gangway. Crosville Motors acquired this business around 1930. The site is now occupied by the LSP car showroom.

Bachgen wrth ei waith: William
Evans bach a'i ful yn dosbarthu
llefrith yn Church Walks,
Llandudno, 1902.

*Boy at work: young William Evans
and his donkey delivering milk in
Church Walks, Llandudno, 1902.*

Bachgen yn chwarae: Paddy Perry,
gwestai gyda theulu Platt,
Gorddinog, Llanfairfechan, yn
mwynhau awyr y môr ar y traeth yn
Llandudno, ar ddechrau'r 20 ganrif.

*Boy at play: Master Paddy Perry, a
guest of the Platt family of Gorddinog,
Llanfairfechan, enjoying the sea air on
the beach at Llandudno in the early
twentieth century.*

Y 'K-Nuts', parti cyngerdd yn cynnwys merched y rheilffordd yn Llandudno, 1917.
The 'K-Nuts', a concert party consisting of women railway employees from Llandudno, 1917.

Y Lefftenant Rowland Hunt o Eastbourne, yn peri cyffro mawr ymysg y torfeydd ar draeth Llandudno wrth hedfan yn isel dros eu pennau yn ei awyren Bleriot XI, haf 1914. Roedd y math hwn o awyren yn cael ei ddefnyddio i ddibenion sifil a milwrol yn union cyn y Rhyfel Byd Cyntaf. Roedd y Lefftenant wedi cael ei drwydded beilot gan y Royal Aero Club ond ychydig fisoedd cyn hyn, ac mae'n bosibl ei fod yn cynnig tripiau hedfan o'r traeth.

Lieutenant Rowland Hunt of Eastbourne, causing great excitement among the crowds on Llandudno beach as he flies low over their heads in his Bleriot XI aircraft, summer 1914. This type of aircraft was in both civilian and military use just before the First World War. Lt Hunt, who had been issued with his pilot's licence by the Royal Aero Club only a few months earlier, may have been offering pleasure flights from the beach.

Locomotif teithwyr cyflym 4-4-0 cwmni rheilffyrdd London and North Western rhif 363, *Llandudno*. Gwelir y locomotif dosbarth George V hwn yn ei liwiau du adeg rhyfel. Fe'i hadeiladwyd yng ngwaith Crewe yn 1915 ac roedd yn pwyso 60 tunnell. Cafodd ei ailrifo'n 5400 gan gwmni rheilffyrdd London, Midland and Scottish yn 1927 a'i dynnu o wasanaeth yn 1935.

The London and North Western Railway 4-4-0 express passenger locomotive No. 363 Llandudno. The George V class locomotive is seen in its wartime black livery. It was built at Crewe Works in 1915 and weighed 60 tons. It was renumbered No. 5400 by the London Midland and Scottish Railway in 1927 and was withdrawn from service in 1935.

Cerbyd newydd y brodyr Brierley ar brawf ar dramffordd y Gogarth, tua 1928. Roedd Zachary Brierley yn gymeriad enwog yn Llandudno a hanai o Oldham. Daeth ef a'i dad â'u busnes cerbydau o Swydd Gaerhirfryn i Gloddaeth Street ac adeiladu sinema'r Odeon, oedd yn cynnwys gorsaf gerbydau dan do. Gwerthwyd y ddau fusnes yn y diwedd er mwyn rhedeg menter beirianegol yng Nghyffordd Llandudno, sydd yn ffynnu o hyd.

Brierley Brothers' new coach undergoing trials on the Great Orme tram track, c. 1928. Llandudno personality Zachary Brierley came from Oldham originally. He and his father moved their coaching business from Lancashire to Gloddaeth Street, where they built the Odeon cinema which included a covered coach station. Both businesses were eventually sold in favour of an engineering enterprise at Llandudno Junction, which still flourishes.

Llifogydd yn Clonmel Street, Llandudno, tua 1920. Mae Llandudno'n hen gyfarwydd â phroblem llifogydd tymhorol: yma gwelir y dref ar un o'r nifer fawr o achlysuron pryd y bu'n rhaid i'w thrigolion gymryd camau diogelwch.

Floods in Clonmel Street, Llandudno, c. 1920. Seasonal inundation is not a new problem for Llandudno: this picture shows the town on one of the many occasions on which its inhabitants have been forced to take precautionary measures.

Neville Chamberlain, y Gweinidog Iechyd, yn agoriad Canolfan Mamolaeth a Lles Plant Oxford Road, Llandudno, 26 Tachwedd 1926. Fe'i hadeiladwyd fel rhan o gynllun Cofeb Rhyfel y dref, dan arweiniad Dr Woodhouse. Yn ei anerchiad, rhoddwyd canmoliaeth gan Mr Chamberlain i bobl Llandudno am roi esiampl trwy godi'r ganolfan feddygol bwrpasol gyntaf o'i bath yng ngogledd Cymru.

Neville Chamberlain, Minister for Health, at the opening of the Oxford Road child welfare and maternity centre, Llandudno, 26 November 1926. This was built as part of the town's War Memorial scheme which was led by Dr Woodhouse. In his address, Mr Chamberlain praised the people of Llandudno for setting an example in erecting the first purpose built medical centre of its kind in North Wales.

Y Cynghorydd Hewitt y tu allan i Ysgol St George, Church Walks, yn ymgyrchu yn etholiadau'r Cyngor Dosbarth Trefol, 1932.

Councillor Hewitt outside St George's school, Church Walks, campaigning for the UDC elections of 1932.

Tîm criced India'r Gorllewin ar ymweliad, yn eu plith Syr Leary Constantine (ail o'r dde, yn eistedd), y tu allan i'r pafiliwn, 1950au.

The visiting West Indian cricket team including Sir Leary Constantine (seated on a chair) second from the right) outside the pavilion in the 1950s.

Ysgerbwd y *Lady Agnes* ym Mhenmorfa, Llandudno, 8 Hydref 1896, cyn ei phrynu gan Stephen Dunphy. Daeth teulu Dunphy i Landudno o Iwerddon yn wreiddiol. Aeth Stephen i'r môr yn ŵr ifanc ond dychwelodd yn y diwedd i weithio ar y lan gan adeiladu busnes siopau bwydydd Dunphy, gyda chymorth ei feibion Richard ac Arthur. Ond roedd ei gariad at longau'n parhau, a chafodd y *Lady Agnes* ei hatgyweirio a bu ar y môr am sawl blwyddyn.

The wreck of the Lady Agnes *on* West Shore, *Llandudno, 8 October 1896, prior to its purchase by Stephen Dunphy. The Dunphys originally came to Llandudno from Ireland. Stephen went to sea as a young man but eventually returned to life ashore and built up Dunphy's grocery business, assisted by sons Richard and Arthur. He retained his love of ships however, and the* Lady Agnes *was repaired and sailed for him for some years.*

Roedd canghennau o fusnes llwyddiannus teulu Dunphy yn Mostyn Street, Craig y Don, Deganwy, Conwy a Phenmaen-mawr. Yma gwelir eu fflyd o faniau dosbarthu yn sefyll ym Mhenmorfa. Sefydlwyd y busnes gan Mrs Dunphy a fu'n pobi ac yn gwerthu myffins mewn adeilad yn Somerset Street. Sefydlwyd y tŷ popty nesaf yn Market Street lle y mae tafarn y Cottage Loaf erbyn hyn, a symudodd wedyn i 111 Mostyn Street. Caewyd y busnes yn 1972.

Dunphy's successful business had branches in Mostyn Street, Craig y Don, Deganwy, Conwy and Penmaenmawr. This is their fleet of delivery vans drawn up on West Shore. The business was founded by Mrs Dunphy, who made and sold muffins from premises in Somerset Street. The next bakehouse to open was in Market Street where the Cottage Loaf public house now stands, and later moved to No. 111 Mostyn Street. The business closed in 1972.

Dechreuodd siop adrannol Clare's o dan enw Arthur's Pioneer Stores, a losgwyd i'r llawr yn 1923. Fe'i hagorwyd gan deulu Williams o Marie et Cie, McKays heddiw, yn Gloddaeth Street. Ar ôl ail dân fe brynwyd y safle gan Clare's ac maent yn dal mewn busnes heddiw. Yn y llun gwelir Mr Hankers, rhodiwr y siop, yn gwasanaethu cwsmeriaid yn y 1930au.

Clare's department store started as Arthur's Pioneer Stores, which was burned down in 1923. It was opened by the Williams family of Marie et Cie, now McKays, of Gloddaeth Street. After a second fire, Clare's bought the site and are still trading today. The picture shows Mr Hankers, the shop floorwalker, serving customers in the 1930s.

Hysbyseb Clare's yng nghylchgrawn plwyf Llanrhos, 1941.

An advertisement for Clare's from the Llanrhos parish magazine, 1941.

Agorwyd cyfnewidfa teleffon gyntaf Llandudno yn 1892 yn 69 Mostyn Street. Fe'i caewyd yn 1927 pan ddaeth Llandudno yn un o'r trefi cyntaf i gael system otomatig, a symudodd y staff i Fae Colwyn. Y teleffonyddion, o'r chwith i'r dde, yw: I Williams, S Roberts, ? Roberts a Gwen Jones, tua 1925.

Llandudno's first telephone exchange was opened in 1892 at No. 69 Mostyn Street. It closed in 1927 when Llandudno became one of the first towns to have an automatic system, and staff moved to Colwyn Bay. The telephonists are, left to right: I. Williams, S. Roberts, ? Roberts, Gwen Jones, c. 1925.

Damwain ffordd yn Mostyn Street gyda bws Crosville a bws Midland Red, tua 1953.
A road accident in Mostyn Street involving Crosville and Midland Red buses, c. 1953.

Yr olygfa o ben tram rhif 11 yn Mostyn Street, 1947. Mae'r llun rhamantus hwn o gerbydau tram trydan deulawr agored yn dangos rhan o ganllaw'r llawr uchaf a lamp y llawr uchaf. Agorwyd y dramffordd cyn belled â Rhos yn 1907 a phrynodd y cwmni ddeg o'r cerbydau hyn oddi wrth Gorfforaeth Bournemouth yn 1936. Disodlwyd y tramiau gan fysiau yn 1956 a gwerthwyd y cwmni i Crosville yn 1961. Mae rhai o garedigion y cerbydau hyn yn ailadeiladu un ohonynt yn yr ardal ar hyn o bryd.

A view from the top of a No. 11 tram in Mostyn Street, 1947. This romantic image of double-decked open-top electric tramcars shows the detail of the top deck railings and the upper deck light. The tramway opened as far as Rhos in 1907 and the company purchased ten of these cars from Bournemouth Corporation in 1936. Trams were replaced by buses in 1956 and the company was sold out to Crosville in 1961. One of these cars is currently being rebuilt locally by enthusiasts.

Bws y Gogarth, Llandudno yn dod i lawr yr allt yn ofalus, 1950. Dechreuwyd gwasanaeth tripiau o gwmpas Cylchdro'r Gogarth gan Gyngor Dosbarth Trefol Llandudno yn 1928. Wedi'r Ail Ryfel Byd dechreuwyd gwasanaeth arall ar gyfer y stad tai newydd yn Llwynon Road ar y Gogarth. Roedd offer arbennig yn y bysiau Foden unllawr hyn oherwydd yr allt serth ar Tŷ Gwyn Road, a welir yn y llun hwn. Mae un o'r bysiau hyn wedi ei diogelu.

A Llandudno – Great Orme bus negotiating the descent, 1950. Llandudno UDC started a 'runabout service' with trips around Marine Drive in 1928. After the Second World War another service was started to serve the new housing estate at Llwynon Road on the Orme. These Foden single-deckers had special equipment because of the steep hill on Tŷ Gwyn Road, seen in this picture. One bus has been preserved.

Allt Tywyn, Deganwy, 1925. Cedwid y siop ar waelod yr allt gan Thomas Davies a ddyfeisiodd eli at bob clwy o'r enw 'Ffon Tom'. Er i'r siop gael ei dymchwel yn y 1930au fe gedwir cof amdani o hyd yn enw'r arhosfan bysiau, a'r teithwyr yn gofyn am 'Ffon Tom, os gwelwch yn dda!'. Roedd y car a welir yma yn rhodd gan y pentrefwyr i ddiolch i Dr Griffiths.

Tywyn Hill, Deganwy, 1925. The shop at the bottom of the hill was run by Thomas Davies who invented a cure-all ointment which he called 'Ffon Tom' or Tom's stick or support. Although the shop was demolished in the 1930s, it is still commemorated in the name of the bus stop when people say 'Ffon Tom please!' The car seen here was the gift of grateful residents to Dr Griffiths.

Siop a gweithwyr J.E. Jones, Deganwy, ar ddiwedd y 19 ganrif. Hon oedd y siop gyntaf i'w hagor yn Neganwy ac yma hefyd yr oedd y Swyddfa Post am rai blynyddoedd. Saif y perchennog J.E. Jones yn ail o'r chwith, a Miss Parry y bostfeistres ar y dde.

The shop and staff of J.E. Jones, Deganwy, in the late nineteenth century. This was the first shop opened in Deganwy which, for some years, also served as the post office. The proprietor J.E. Jones stands second from the left, with Miss Parry the postmistress on the right.

Ffermdy Tŷ Newydd, Deganwy, tua 1890. Stad tai Plas Newydd sydd ar dir y fferm erbyn hyn ond mae'r tŷ yn sefyll o hyd o dan yr enw Lavender Cottage.

Tŷ Newydd farmhouse, Deganwy, c. 1890. The Plas Newydd housing estate now occupies the site of the farm but the house survives as Lavender Cottage.

97

Dyn handl-organ a pharot, Deganwy, tua 1890. Mae'r plant yn eistedd ar reilin gorsaf reilffordd Deganwy.

An organ grinder and parrot, Deganwy, c. 1890. The children are sitting on Deganwy railway station railings.

Côr Eglwys Deganwy ar drip, a'u côr-feistr Mr J.W.P. Arrowsmith 'Pencerdd Tudno' yn eistedd yn y blaen tua'r canol, yn gwisgo het gron a mwstas, tua 1891.

The Deganwy church choir outing with their choirmaster Mr J.W.P. Arrowsmith 'Pencerdd Tudno' sitting centre front, sporting a bowler hat and moustache, c. 1891.

Côr Eglwys Deganwy eto: y tro hwn ar wibdaith i erddi Belle Vue ym Manceinion mewn bws a huriwyd oddi wrth gwmni yn Salford, 1901.

Deganwy church choir again: this time on a trip to Belle Vue Gardens, Manchester, in a bus hired from a Salford company, 1901.

Côr Meibion Deganwy, tua diwedd y 1890au. Fe'u gwelir yma ar y cae ger Eglwys yr Holl Saint ychydig cyn cystadlu yn yr Eisteddfod ym Mhenbedw. Yn eu mysg y mae'r Athro Davies, arweinydd (4ydd o'r chwith yn y rhes flaen); Mr Arrowsmith, cyfeilydd (5ed o'r chwith) a Mr Edward Jones, dirprwy arweinydd.

Deganwy male voice choir in the late 1890s, pictured on the field near All Saints' church shortly before competing in the Eisteddfod at Birkenhead. The group includes Professor Davies, conductor (fourth from the left, on the front row); Mr Arrowsmith, accompanist (fifth from the left) and Mr Edward Jones, deputy conductor (position unknown).

Y Capten John Jones a theithwraig ar lanfa stemar Trefriw *Queen of the Conway*, yn Neganwy, tua 1900. Roedd yn 85 troedfedd o hyd ac yn pwyso 77 tunnell, a hon oedd y fwyaf o'r stemars a hwyliai i Drefriw. Byddai'n mynd yn sownd yn aml ac roedd rhaid dadlwytho'r teithwyr i gychod llai er mwyn ei chodi. Enw cyntaf y cwmni oedd St George's Steamship Co., a chludai deithwyr i'r ffynhonfa yn Nhrefriw rhwng 1847 a 1946. Byddent yn codi teithwyr yng Nghonwy yn gyntaf, wedyn yn croesi'r afon i Ddeganwy i gasglu rhagor cyn hwylio i fyny'r afon i Drefriw.

'Hello sailor!' Captain John Jones and a passenger on the Deganwy landing stage of the Trefriw steamer Queen of the Conway, *c. 1900. At 85 ft in length and 77 tons, this was the largest of the steamers to Trefriw. It frequently ran aground and passengers had to be unloaded onto smaller vessels to refloat it. Originally started by the St George's Steamship Co., the steamers took passengers to the Spa at Trefriw between 1847 and 1946. They collected passengers from Conwy first, then crossed the river to Deganwy to pick up again before sailing up river to Trefriw.*

Yn ei hysbysebion byddai'r Trefriw Steamer Co. yn nodi ei fod yn darparu ar gyfer partïon mawr, a dyma barti eithriadol o fawr yn tyrru ar fwrdd y *Prince George* yn Negannwy, tua 1919.

The Trefriw Steamer Co. advertised itself as catering for large parties, and here is an exceedingly large party crowding onto the Prince George *at Deganwy, c. 1919.*

Trŵp Sgowtiaid Cyntaf yr Holl Saint, Deganwy, tua 1920. Yn y canol saif y Parchedig John Roberts ac ar ei chwith y mae'r sgowtfeistr Mr John Taylor, gŵr a gollodd ei fywyd yn nhrychineb argae Dolgarrog.

The 1st All Saints' scout troop, Deganwy, c. 1920. In the centre is the Revd John Roberts and on his left is the scoutmaster Mr John Taylor, who was later to lose his life in the Dolgarrog Dam Disaster.

Band Harmonica Deganwy, 1937/38. Ymhlith yr aelodau (rhes gefn, o'r chwith i'r dde) y mae: Revd M Hughes Thomas, Mr J W Williams, Mr Harper, -?-, Mr Bert Jones, Mr Harper, Hughie Jones, -?-. Ffurfiwyd y Band Harmonica yn nhridegau'r ganrif hon gan y Parch. M. Hughes Thomas, curad Eglwys yr Holl Saint, Deganwy. Fe'i cynorthwywyd gan Mr Wallace Williams oedd yn grydd mewn siop esgidiau yn Neganwy. Nid oedd holl aelodau'r band yn aelodau eglwysig, ond roeddent i gyd yn lleol, gan fwyaf o Ddeganwy. Arferai'r Parch. Hughes Thomas gynnal partïon cyngerdd a dawnsfeydd agored i bawb yn yr eglwysty, pryd y chwaraeai'r Band Harmonica. Mae'r eglwysty drws nesaf i Westy'r Bryn Cregin ac mae cynlluniau i ddymchwel y ddau.

The Deganwy Harmonica Band, 1937/8. Members include, back row, left to right: Revd M. Hughes Thomas, Mr. J.W. Williams, Mr. Harper, -?-, Mr. Bert Jones, Mr. Harper, Hughie Jones, -?-. The Harmonica Band was formed in the 1930s by the Revd Hughes Thomas, curate of All Saints church, Deganwy. He was assisted by Mr Wallace Williams who worked as a cobbler in a Deganwy shoe shop. Not all the band were church members but all were local men, mostly from Deganwy. The Revd Hughes Thomas held concert parties and dances which were open to everyone in the church house, where the Harmonica Band would provide the music. The church house is next door to the Bryn Cregin Hotel, and both are currently scheduled for demolition.

5

Conwy, Penmaenmawr a Llanfairfechan / *Conwy, Penmaenmawr and Llanfairfechan*

Castell Conwy a Rheilffordd Caer a Chaergybi, tua'r 1880au.
Conwy Castle and the Chester and Holyhead railway, in the 1880s.

Dathlu'r coroni yn Lancaster Square, Conwy, 1911. Sylwer ar siop Dunphy ar y chwith, sydd bellach yn fwyty.

Coronation celebrations in Lancaster Square, Conwy, 1911. Note Dunphy's shop on the left, now a restaurant.

Gorymdaith yn Castle Street, Conwy lle y gwelir y car a gyflwynwyd i Dr R.A. Prichard a oedd yn Faer Conwy yn 1906 a 1907. Rhoddwyd y car i gydnabod gallu meddygol Dr Prichard yn hytrach na'i wasanaeth eithriadol mewn bywyd cyhoeddus.

A procession in Castle Street, Conwy showing the motorcar presented to Dr R.A. Prichard who served as Mayor of Conwy in 1906 and 1907. The car was given in recognition of Dr Prichard's medical expertise rather than for his outstanding public office.

Castell Conwy, tua 1913. Bu Conwy yn gyrchfan boblogaidd i ymwelwyr ers ugeiniau o flynyddoedd, a bydd llawer yn ei chofio oherwydd y tagfeydd traffig echrydus yn y 1960au a'r '70au cyn agor y twnnel o dan afon Conwy. Yma gwelir y dref mewn oes fwy dedwydd i'r ychydig rai a gâi foduro wrth eu pwysau, a chauffeur ganddynt i ofalu am y parcio.

Conwy Castle, c. 1913. Conwy has been a popular visitor centre for decades, but is remembered with horror by many for the appalling traffic congestion of the 1960s and '70s before the tunnel under the River Conwy was built. These were the pleasanter times of leisurely motoring for the fortunate few, with a chauffeur taking care of the parking.

Owen H. Prosser, ar wyliau yng Nghonwy yn 1935, yn sefyll ger canon Howitzer a gipiwyd oddi ar yr Almaenwyr yn y Rhyfel Byd Cyntaf. Arferai'r canon fod o dan un o'r tyrau uwchlaw'r bont grog.

Owen H. Prosser, on holiday in Conwy in 1935, standing by a captured First World War German Howitzer cannon. The cannon used to stand below one of the towers overlooking the suspension bridge.

Yr Arglwydd a'r Arglwyddes Baden Powell yn ymweld â gwersyll Morfa Conwy ym Mai 1915.
Morfa Conwy oedd un o'r llu o wersylloedd hyfforddi milwrol a sefydlwyd drwy'r deyrnas; fe'i
cymerwyd ar brydles gan y Weinyddiaeth Ryfel yn ystod y Rhyfel Byd Cyntaf.

*Lord and Lady Baden Powell visiting Conwy Morfa Camp during May 1915. Conwy Morfa was
one of a host of military training camps set up throughout the country; during the First World War it
was leased by the War Department.*

Trŵp Sgowtiaid Iau Conwy yng Ngorymdaith y Maer, 1914. Hwn oedd Trŵp Cyntaf Conwy (dan enw Baden Powell) ac fe'i sefydlwyd yn 1910. Y biwglwr yw William Owen Roberts a oedd wedi cynilo chwecheiniogau i brynu'r biwgl sydd yn dal ym meddiant y teulu. Fel Sgowtiaid eraill, chwaraeodd Trŵp Conwy eu rhan yn y rhyfel fel negeseuwyr. Bu rhai ohonynt yn ymladd yn ddiweddarach ar Ffrynt y Gorllewin.

Conwy boy scout troop at the Mayor's Parade, 1914. This is the 1st Conwy Troop (Baden Powell's own) which was founded in 1910. The bugler is William Owen Roberts who saved his sixpences to buy the bugle which his family still possesses. Like other scouts, the Conwy troop played a part in the war as messenger boys. Later, some of them saw active service on the Western Front.

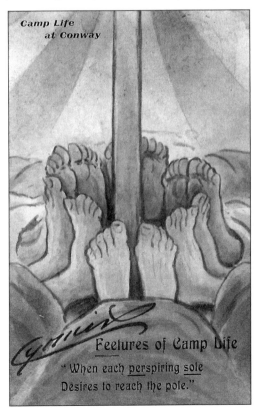

Camp Life at Conway

Feetures of Camp Life
"When each perspiring sole
Desires to reach the pole."

Cerdyn post doniol am fywyd yng ngwersyll Morfa Conwy a anfonwyd gan y Preifat Green, oedd yn aelod o Ambiwlans Maes Cymreig Cyntaf Llu Tiriogaethol Corfflu Meddygol Brenhinol y Fyddin, yng Ngorffennaf 1908. Uned o wirfoddolwyr oedd hon a ffurfiwyd yn y flwyddyn honno.

A humorous postcard depicting life in Conwy Morfa Camp, sent by Private Green of the 1st Welsh Field Ambulance Royal Army Medical Corps Territorial Force in July 1908. This was a volunteer unit newly formed in that year.

Beicwyr modur y KKK yn Lancaster Square, Conwy, ar ddechrau'r 1930au. Nid oedd unrhyw gysylltiad â'r Klu Klux Klan: i'r gwrthwyneb - y rhain oedd y Konwy Karnival Knights yn eu holl gêr rasio. Ymysg y beiciau, bob un yn perthyn i ddiwedd y 1920au neu ddechrau'r 1930au, yr oedd Ariel, Velocette, Royal Enfield, dau Douglas, Brough Superior a BSA. Y masgot bach yw W. Llewelyn Hughes ac un o'r gyrwyr yw Cyril Owen o Bangor Road, y cigydd. Siop hen bethau yw'r adeilad bellach. Yn y cefndir gwelir Plas Coch a'r hen Boot Inn.

The KKK motor cyclists in Lancaster Square, Conwy, during the early 1930s. The letters did not stand for Klu Klux Klan; on the contrary these were the Konwy Karnival Knights dressed in full racing gear. The bikes, all late 1920s or early '30s models, include an Ariel, a Velocette, a Royal Enfield, two Douglases, a Brough Superior and a BSA. The little boy mascot is W. Llewelyn Hughes and one of the riders is Cyril Owen of Bangor Road, the butcher. His shop now sells antiques. In the background is Plas Coch and the former Boot Inn.

Tîm pêl-droed Conwy Tank Rangers, 1920au-30au. Y tanciau dan sylw yw'r tanciau cregyn gleision, gan fod Conwy'n enwog am ei gwelyau cregyn gleision.

The Conwy Tank Rangers football team in the 1920s or '30s. The 'tanks' referred to are the mussel tanks, Conwy being well known for its mussel beds.

Rhes gefn, o'r chwith i'r dde: / Back row, left to right: -?-, -?-, -?-, Bob Evans, Ned Davies, John Jones, Tom Craven, ? Jones, Dennis Craven, Samuel Hughes, -?-. Rhes flaen: / Front row: Willie John Roberts, William Owen Roberts, John Ivor Roberts, Evan Hughes, -?-.

'Castle Sparks' Conwy. Un o'r llu o bartïon cyngerdd a gododd yn y 1920au a'r 30au i berfformio mewn cyfarfodydd elusennol. O'r chwith i'r dde: Jossie Craven (a ddysgai ddawnsio yn ddiweddarach), -?-, Mrs Annie Wilson (gwraig A H Wilson yr haearnwerthwr yn y Stryd Fawr), Gwilym Hughes (fferyllydd, a ddaeth wedyn yn Faer Bae Colwyn), Miss Gwladys Roberts (contralto adnabyddus yn y cyfnod hwn ac aelod o gôr yr eglwys blwyf), Eddie Roberts (a oedd hefyd yn aelod o gôr Eglwys Fair), -?-, -?-.

The 'Castle Sparks' of Conwy. One of the many concert parties that sprang up in the 1920s and '30s performing at charity events. They are, left to right: Jossie Craven (who later taught dancing), -?-, Mrs Annie Wilson (wife of A.H. Wilson the ironmonger's in the High Street), Gwilym Hughes (chemist, who later became Mayor of Colwyn Bay), Miss Gwladys Roberts (a well known contralto of the period and chorister at the parish church), Eddie Roberts (who was also a chorister at St Mary's), -?-, -?-.

Dynion tân Conwy, ar ddechrau'r 20 ganrif. Rhes gefn, o'r chwith i'r dde: Ben Craven (1af), Harry Ellis (4ydd) a Joseph Hassell (10fed). Un o'r ddau swyddog sy'n eistedd yw W. Ralphes.

Conwy firemen in the early twentieth century. Included back row, left to right: Ben Craven (first), Harry Ellis (fourth), Joseph Hassell (tenth). One of the two officers seated is W. Ralphes.

Pysgotwyr cregyn gleision Conwy, 1907. O'r chwith i'r dde: Alfred Roberts, Evan Owen, John Polin. Yn y cefndir, yng nghysgod cragen llong hwyliau wag, y mae cwch mwd Evan Evans, *Dredge*, sy'n llwytho graean mân i stemar fechan. Aethpwyd â dros 470 o lwythi o raean mân rhwng 1892 a 1907 gan stemars a llongau hwyliau.

Conwy mussel men, 1907. They are, left to right: Alfred Roberts, Evan Owen, John Polin. In the background, dwarfed by the hull of an empty sailing vessel, is Evan Evans's dredger, Dredge, loading a small steamer with fine gravel. Over 470 cargoes of fine gravel were taken between 1892 and 1907 by both steamers and sailing ships.

Cychod pysgota a rhwydi'n sychu, Conwy, tua 1955.
Fishing boats and drying nets, Conwy, c. 1955.

Cychod pysgota yng Nghei Conwy, yn y 1970au. Tynnwyd y llun hwn ar derfyn oes y diwydiant pysgota a fu gynt mor bwysig yn y dref. Heddiw nid oes ond y gwelyau cregyn gleision i dystio i bwysigrwydd pysgota ar arfordir gogledd Cymru.

Fishing boats at Conwy Quay in the 1970s. This was taken at the end of what had been a very important industry for the town. Today only the mussel beds remain as a tribute to the importance of fishing on the north Wales coast.

Kelly, gŵydd Conwy. Un o gymeriadau Conwy: crwydrai'r dref yn ddi-rwystr a châi ei galw'n Geidwad Pont Grog Conwy yn y 1920au.

Kelly the Conwy goose. One of the Conwy characters: Kelly wandered the town unhindered and was known as the Guardian of Conwy Suspension Bridge in the 1920s.

Ffair Fêl Conwy, 1950au. Mae'r arfer o gynnal ffeiriau neu farchnadoedd rheolaidd i werthu nwyddau penodol yn rhan o fywyd Conwy ers y drydedd ganrif ar ddeg. Sefydlwyd y ffair fêl yn 1278 gan Edward I ac mae hon yn un o'r ychydig ffeiriau sy'n aros. Fe'i cynhelir ar 13 Medi. Fel y farchnad hadau, a gynhelir ar 26 Mawrth, hon yw'r dystiolaeth olaf i ddiwydiant gwledig a ffynnai gynt. Byddid hefyd yn cynnal ffeiriau i werthu menyn, moch a cheffylau.

Conwy Honey Fair in the 1950s. The holding of regular fairs or markets for the sale of particular goods has been a part of Conwy life since the thirteenth century. The honey fair was founded in 1278 by Edward I and is one of the few fairs to remain, being held annually on 13 September. Along with the seed market, held on 26 March, this is the last evidence of a once thriving rural industry. In the past there were also fairs for butter, pigs and horses.

Llun trawiadol yn dangos trawstiau'n cael eu gosod wrth adeiladu pont ffordd Conwy, 1958.

A dramatic image of girders being sited during the construction of the new Conwy Road Bridge, 1958.

Agor pont ffordd newydd Conwy, 13 Rhagfyr 1958. Nid oedd pont Telford yn ddigon bellach yn wyneb y defnydd cynyddol ar geir. Erbyn y 1990au mae'r bont ffordd hithau'n annigonol oherwydd y cynnydd a fu wedyn.

The opening of the new Conwy Road Bridge, 13 December 1958. Increasing use of the motorcar had made Telford's Suspension Bridge inadequate. By the 1990s still further increases have in turn made the road bridge insufficient.

Y Ddawns Flodau yng Nghastell Conwy ar adeg Eisteddfod Genedlaethol Frenhinol Cymru Llandudno a'r Cylch, 1963.

The floral dance in Conwy Castle, performed at the Royal Welsh National Eisteddfod of Llandudno and District, 1963.

Golwg ar Benmaenmawr tua'r dwyrain o hen Ffordd Caergybi, tua 1880. Nes adeiladu ffordd Telford i Gaergybi yn 1830 a rheilffordd Stevenson yn 1845, bu'n rhaid i'r sawl a deithiai tua'r gorllewin o Gonwy oresgyn rhwystrau peryglus ar y ffordd, sef croesi afon Conwy a mynd heibio i Benmaenmawr. Pentref bychan iawn oedd Penmaenmawr ei hun nes y dechreuwyd cloddio yno ar raddfa fawr, ond ar ôl gwella'r cysylltiadau fe ehangodd Penmaenmawr yn gyflym ac erbyn y 1860au roedd yn cael ei farchnata fel tref wyliau i ymwelwyr haf.

A view of Penmaenmawr looking east from the old Holyhead Road, c. 1880. Until Telford's Holyhead road and Stevenson's railway were built, in 1830 and 1845 respectively, the traveller to the west from Conwy was faced with the daunting obstacles of the crossing of the River Conwy and Penmaenmawr. Penmaenmawr itself was only a very small village until large scale quarrying was developed, but once communications were improved Penmaenmawr rapidly expanded and by the 1860s was marketing itself as a resort for summer visitors.

Pant yr Afon, Penmaenmawr, cyn 1888.
Pant yr Afon, Penmaenmawr, before 1888.

Pobl ar eu gwyliau ar draeth Penmaenmawr, 1886, a diwydiant y chwareli yn effeithio'n drwm ar y tirlun eisoes.

Holidaymakers on Penmaenmawr beach, with the quarrying industry already making a big impact on the landscape, 1886.

Cenhadaeth Gwasanaeth Arbennig y Plant ar y traeth ym Mhenmaenmawr, 1899.

Children's special service mission on the beach at Penmaenmawr, 1899.

Giang adeiladu ym mhen uchaf Cae Cyd Road, Penmaenmawr, tua 1897. Y rhain, yn ôl pob tebyg, oedd y giang a osododd y system traeniau newydd, gydag Ernest Worral, syrfewr Cyngor Dosbarth Trefol Penmaenmawr, ar y chwith yn y rhes gefn, yn dal llyfr nodiadau. Ef hefyd a gynlluniodd y promenâd yn 1900 ond, am iddo ofyn ffi ychwanegol am y gwaith, fe'i ddiswyddwyd. Y tŷ yn y cefndir yw Treflys.

A construction gang at the top of Cae Cyd Road, Penmaenmawr, c. 1897. This is probably the gang who laid the new drainage system. Ernest Worral, the Penmaenmawr UDC surveyor, is on the back row, left, holding a pocket notebook. He also designed the promenade in 1900 but, because he asked for an extra fee for the work, was dismissed. The house in the background is Treflys.

Gweithwyr (a chi) Swyddfa Post Penmaenmawr, tua 1900.
Staff (and dog) of Penmaenmawr post office, c. 1900.

Mae cysylltiad Gladstone â Phenmaenmawr, a'i hoffter ohono, yn ddigon hysbys. Yn y llun hwn gwelir Mr a Mrs Gladstone ar eu hymweliad olaf yn 1896 ac fe'i tynnwyd ym Mhlas Mawr. Y tu cefn iddynt y mae'r Cyrnol Darbishire a'i fab.

Gladstone's association with and fondness for Penmaenmawr is well known. This picture shows Mr and Mrs Gladstone on their final visit in 1896 and was taken at Plas Mawr. Pictured behind the Gladstones are Colonel Darbishire and his son.

Diwrnod mabolgampau'r chwarel ym Mhenmaenmawr, ar ddechrau'r 20 ganrif. Y gŵr tal sy'n gwylio'r ras yw'r Cyrnol Darbishire.

Quarry sports day at Penmaenmawr in the early twentieth century. The tall gentleman (right) observing the race is Colonel Darbishire.

Y felin malu cerrig yn Chwarel Penmaenmawr, a melin arall (yn agosach at y camera) ochr yn ochr â'r hen felin, 1900/01.

The stone crushing mill at Penmaenmawr Quarry, showing a second mill (closer to the camera) alongside the old mill, 1900/01.

Naddwr cerrig sets yn Chwareli Penmaenmawr, 1930au. Sylwer ar osgo poenus y naddwr wrth greu'r setsen.

A sett maker at Penmaenmawr Quarries in the 1930s. Note the sett maker's back breaking stance in creating the sett.

Siop Moss Lewis yn Bank Square, Penmaenmawr, tua'r 1930au. O'r chwith i'r dde: Mrs Gaynor Lewis (Jones gynt), Moss Lewis, -?- a Gaynor Kewley yw'r ferch ifanc mewn gwyn.

Moss Lewis's shop, Bank Square, Penmaenmawr, in the 1930s. They are, left to right: Mrs Gaynor Lewis (née Jones), Moss Lewis, -?-, the young lady in white is Gaynor Kewley.

R.G. Williams, Burleigh House, Penmaenmawr a'r hyn a gredir yw'r car cyntaf yn yr ardal, tua 1915. Roedd Mr Williams yn beiriannydd moduron ac yn berchen modurdy, ac yn ŵyr i Griff Williams, plymer, 13 Castle Street, Conwy.

R.G. Williams of Burleigh House, Penmaenmawr, with what is thought to be the first motorcar in the district, c. 1915. Mr Williams was a motor engineer and garage proprietor and grandson of Griff Williams, plumber, of No. 13 Castle Street, Conwy.

Roedd Penmaenmawr yn dal i ffynnu fel canolfan wyliau ymhell i'r 20 ganrif. Mae'r criw hapus yma ar yr hen bromenâd yn y 1930au.

Penmaenmawr was still a thriving holiday centre well into the twentieth century. This happy group are on the old promenade in the 1930s.

Ymweliad brenhinol â Phenmaenmawr. EM y Frenhines Elizabeth II yn mynd mewn car trwy Bantyrafon ar ymweliad i ddathlu'r coroni yn 1953. Sylwer ar arwydd Dunphy, unwaith eto!

A royal visit to Penmaenmawr with HM Queen ELizabeth II driving through Pantyrafon on her coronation visit in 1953. Note Dunphy's sign, yet again!

Carnifal Penmaenmawr, 1955. Yn gwmni i'r Frenhines Pauline (Lowe) y mae:
Penmaenmawr Carnival, 1955. Queen Pauline (Lowe) is accompanied by her attendants:
Maureen Roberts, Joan Davies, Florence Jones, Evelyn Jones, Fay Roberts, Gillian Walford,
Delyth Lewis, Jennifer Roberts, Philip Hughes, Brian Jones (order unknown).

Traeth Llanfairfechan, gan edrych tua'r dwyrain, tua 1890. Fel Penmaenmawr, y tri ffactor a
ddylanwadodd ar ddatblygiad Llanfairfechan oedd llwyddiant y chwareli, adeiladu ffordd
Caergybi a dyfodiad y rheilffordd. Ni fu Llanfairfechan erioed mor drefol â'i chymydog a
chadwodd ei chymeriad arbennig ei hun gan arddel y teitl 'The Gem of North Wales'.
*Llanfairfechan beach looking east, c. 1890. Like Penmaenmawr, the three factors that influenced
the development of Llanfairfechan were the success of the quarries, the building of the Holyhead road
and the coming of the railway. Always less urbanized than its neighbour, Llanfairfechan retained a
distinct character and described itself as 'The Gem of North Wales'.*

Busnes hurio cychod Henry Jorss, Llanfairfechan, tua 1900. Ganed Henry Adolph Franklin Jorss (1869-1947) ger Leeds, fe'i haddysgwyd mewn ysgol breifat yn Llanfairfechan a rhedodd i ffwrdd i'r môr yn ddyn ifanc. Dychwelodd o'r diwedd i Lanfairfechan, adeiladodd dŷ ar y promenâd yn 1897 a'i alw'n 'Nelson Villa' ('Linden' bellach) a phriododd ferch leol, Mary Ann Williams. Byddai'n hurio cytiau ymdrochi yn ogystal â chychod ac roedd yn gymeriad annwyl a mawr ei barch yn y cyffiniau.

Henry Jorss's boat hire business, Llanfairfechan, c. 1900. Henry Adolph Franklin Jorss (1869–1947) was born near Leeds, educated at a private school in Llanfairfechan and ran away to sea at an early age. He eventually returned to Llanfairfechan, built a house on the promenade in 1897 which he called 'Nelson Villa' (now Linden) and married a local girl, Mary Ann Williams. He hired out bathing huts in addition to boats and was a respected and much loved local character.

Llanfairfechan, tua 1890, yn dangos y wal a godwyd i gadw cwrs afon Llanfairfechan yn Nant y Pandy. Wedi llifogydd difrifol yn 1873 a 1879 fe benderfynodd y Bwrdd Lleol yn 1880 y dylid codi wal tua 70 llath o hyd ar gost o £40.

Llanfairfechan, showing the wall built to retain the River Llanfairfechan at Nant y Pandy, c. 1890. Following severe flooding in 1873 and 1879 the Local Board resolved that about 70 yards of wall should be built at a cost of £40 in 1880.

Seindorf Bres Llanfairfechan a Phenmaenmawr, tua 1920.
  Llanfairfechan and Penmaenmawr Brass Band, c. 1920.

Gŵyl Fai Llanfairfechan, 1910.
  Llanfairfechan May Day, 1910.

Plant yn ysgoldy Capel Bethel gyda'r Parchedig Garret Roberts, 1912.
Children at Capel Bethel schoolhouse with Revd Garret Roberts, 1912.

Plant Safonau 3 a 4, Ysgol y Cyngor, Llanfairfechan, 1922.
Children of Standards 3 and 4, Llanfairfechan council school, 1922.

Rhes gefn, o'r chwith i'r dde / *Back row, left to right*: Willie John Atheston, Alun Wynn, John Harold Morgan, Dic Aneurin Davies 'Dic Dare', David Owen [?] 'Station', Brian Williams, Hugh John Huxley [?], -?-, Tim Williams, John Thomas. Rhes ganol / *Middle row*: Mary Ellen Elliot, Mary Lloyd Roberts, May Chalker, Annie 'Tŷ Pitch', Rhiannon Williams, Nellie 'Tŷ Pitch', Mary Owen 'Tan Marian', Lizzie Catherine Jones, Dilys Hughes, Miss Kitty Williams 'Min y Don', (ysgolfeistres / *schoolmistress*). Rhes flaen / *Front row*: Moses Owen 'Berth', Charlie Knowles, Frank Ketley, Jimmy [?] 'Fish', Mair Owen of 9 Mona Terrace, Florrie Jones 'Black Lion Hotel', Enid Williams 'Min y Don', John Ernest Williams, -?-, Robert Owen 'Bob Ffrith', Cyrus Owen of 9 Mona Terrace.

Station Road, Llanfairfechan, tua 1925.
Station Road, Llanfairfechan, c. 1925.

Giang atgyweirio gyda rholer ffordd yn Station Road, Llanfairfechan, ddiwedd y 1950au.
Repair gang with road roller in Station Road, Llanfairfechan in the late 1950s.

Penmaenmawr Road, Llanfairfechan, tua 1930. Golygfa o'r groesffordd tua'r dwyrain.
Penmaenmawr Road, Llanfairfechan, c. 1930. A view from the crossroads looking east.

Penmaenmawr Road, 1950au. Y traffig yn ymwasgu trwy Lanfairfechan ar yr hen ffordd i Fangor a Chaergybi cyn iddi gael ei lledu yn 1960; hon oedd y briffordd wedyn nes agor Gwibffordd yr A55 yn 1989.

Penmaenmawr Road in the 1950s. Traffic squeezing through Llanfairfechan on the old road to Bangor and Holyhead before widening took place in 1960; it remained the main road until the opening of the A55 expressway in 1989.

Gorsaf reilffordd wreiddiol Llanfairfechan yn 1987, y flwyddyn cyn iddi gael ei dymchwel i wneud lle i'r Wibffordd.
The original Llanfairfechan railway station in 1987, the year before its demolition to make way for the expressway.

Plant Ysgol Bentref Sirol Llanfairfechan, 1957.
Children of Llanfairfechan VC school, 1957.

Rhes gefn, o'r chwith i'r dde / *Back row, left to right*: Ann Arkinstall, Elwyn Ellis, John Arthur Parry, Emrys Jones, Brian Thomas, Margaret Louisa Jones, Miss Morgan (y brifathrawes, Mrs Granger Smith wedyn / *headmistress, later Mrs Granger Smith*). Ail res o'r cefn / *Second row from back*: -?-, -?-, Margaret Jones, Rhiannon Parry, Denise Dingley, Vanessa Rose, Janice Griffiths, Sally Ann Jones. Trydedd res o'r cefn / *Third row from back*: Patsy Griffiths, Sheila McGarry, June Roberts, Pamela Hughes, Selma Grabowski, Brenda Williams, Pauline Hughes. Rhes flaen / *Front row*: Michael Allen Bailey, Gwylfa Jones, David Charles Williams, John Cooper.

Cydnabyddiaethau

Diolch i'r rhai canlynol am ganiatáu inni ddefnyddio lluniau sydd yn eu casgliadau: Miss Bryn Jones, Mr a Mrs J.H. Edwards, Y Cyng. Philip Evans, Mr J.R. Evans, Mrs Isoline Greenhalgh, Mr Llewelyn Groom, Y Cyng. John Hughes, Mrs Iris Hughes, Mr David T. Jones a Chymdeithas Hanes Llanfairfechan, Mr E. Emrys Jones, Mr Gwyn Lloyd Foulkes Jones, Mrs Nesta Jones, Mr T. Hefin Jones, Mr and Mrs Peter Jones, Mr W.T. Jones, Mrs E.M. a Mr Mitchell Pattinson, Mr Owen H Prosser, Mr Don Richards, Mr Christian Roberts, Mr Dennis Roberts a Chymdeithas Hanes Penmaenmawr, Miss Eunice Roberts, Mr Fred Roberts, Miss Heddwen Roberts, Mr T. Rothwell, Mr Steffan ab Owain, Archifdy Caernarfon, Archifdy Rhuthun, Llyfrgell Genedlaethol Cymru a Railtrack (Rhanbarth Llundain a Chanolbarth Lloegr o'r Rheilffyrdd Prydeinig cyn hynny).
Diolchir hefyd i staff Gwasanaeth Archifau Sir Ddinbych a Gwasanaeth Archifau Gwynedd am eu cydweithrediad a'u hamynedd. Diolchir yn arbennig i'r canlynol am eu cymorth wrth lunio'r capsiynau: Mr David T. Jones, Mrs E.M. Pattinson, Mr Alan Pratt, Mrs Elan a Mr Stuart Rivers, Mr Dennis Roberts, Miss Eunice Roberts a Miss Heddwen Roberts o Lyfrgell Bae Colwyn, Mrs Cynthia Williams o Lyfrgell Abergele a holl aelodau staff eraill Gwasanaeth Llyfrgell, Gwybodaeth ac Archifau Conwy a gynorthwyodd yn y project.

(N.B. Mae hawlfeaint y lluniau a atgynhyrchwyd o gasgliad Archifau Gwynedd, yn aros yn eiddo i Wasanaeth Archifdy Gwynedd)

Acknowledgements

Grateful acknowledgement is due to the following for allowing us to use photographs from their collections: Miss Bryn Jones, Mr and Mrs J.H. Edwards, Cllr Philip Evans, Mr J.R. Evans, Mrs Isoline Greenhalgh, Mr Llewelyn Groom, Cllr John Hughes, Mrs Iris Hughes, Mr David T Jones and the Llanfairfechan Historical Society, Mr E. Emrys Jones, Mr Gwyn Lloyd Foulkes Jones, Mrs Nesta Jones, Mr T. Hefin Jones, Mr and Mrs Peter Jones, Mr W.T. Jones, Mrs E.M. and Mr Mitchell Pattinson, Mr Owen H. Prosser, Mr Don Richards, Mr Christian Roberts, Mr Dennis Roberts and the Penmaenmawr Historical Society, Miss Eunice Roberts, Mr Fred Roberts, Miss Heddwen Roberts, Mr T. Rothwell, Mr Steffan ab Owain, the Caernarfon Record Office, Ruthin Record Office and Railtrack (formerly London Midland Region of British Rail).

Thanks are also due to staff of Denbighshire Archives Service and Gwynedd Archives Service for their cooperation and forbearance. Special thanks are offered to the following for their help with the captions: Mr David T. Jones, Mrs E.M. Pattinson, Mr Alan Pratt, Mrs Elan and Mr Stuart Rivers, Mr Dennis Roberts, Miss Eunice Roberts and Miss Heddwen Roberts of Colwyn Bay Library, Mrs Cynthia Williams of Abergele Library and all other staff of Conwy Library, Information and Archive Service who assisted in the project.

(N.B. The copyright for photographs reproduced from the Gwynedd Archives collection remains vested in Gwynedd Archives Service.)